KAPLAN · DER TAROT

STUART R. KAPLAN

DER
TAROT

GESCHICHTE
DEUTUNG
LEGESYSTEME

HUGENDUBEL

Herausgeber der Reihe »Kailash-Buch«: Gerhard Riemann
Aus dem Amerikanischen von Burkhardt Kiegeland
Die Originalausgabe erschien unter dem Titel »Tarot Classic«
bei U.S. Games Systems, Inc., New York

3. Auflage 1985

© 1972 Stuart R. Kaplan
© 1984 der deutschsprachigen Ausgabe
Heinrich Hugendubel Verlag, München
Alle Rechte vorbehalten

Umschlaggestaltung: Dieter Bonhorst
Produktion: Tillmann Roeder
Satz: Fotosatz Otto Gutfreund, Darmstadt
Druck und Bindung: pera Druck KG, Gräfelfing

ISBN 3 88034 224 5

Printed in Germany

Inhalt

Abbildungsverzeichnis

TAROT CLASSIC

STUART R. KAPLAN

KAPITEL 1

Einführung in das Tarotspiel

In Amerika herrscht zur Zeit ein außerordentliches Interesse für die alten europäischen Tarot-Wahrsagekarten. Tarotspiele sind bei Studenten, Jugendlichen, Hausfrauen, Geschäftsmännern, Berufstätigen, Sammlern – in der Tat, von Menschen verschiedenster sozialer Herkunft – gefragt. Derjenige, der ernsthaft an die Karten glaubt, benützt sie zur Weissagung, um die Vergangenheit in eine sinnvollere Perspektive zu setzen, die Gegenwart zu verstehen und die Alternativen, die sich in der Zukunft ergeben könnten, aufzudecken. Menschen, die mit der esoterischen Bedeutung der Karten weniger vertraut sind, begnügen sich damit, sie als Gesellschaftsspiel zu verwenden und bei Parties oder im kleinen Kreise Lesungen vorzunehmen.

Junge Menschen haben bei Festen ihren Spaß mit Tarot, Zauberei und Okkultem. Erwachsene nehmen an Tarot-Frühstücken, Tarot-Wohltätigkeitsveranstaltungen und sogar Tarot-Picknicks teil, bei denen Kartenlesungen demonstriert werden. Es gibt Vorträge und Konferenzen für Personen, die an einer ernsthaften Einführung in den Tarot interessiert sind. Bibliotheken und Museen, die in der glücklichen Lage sind, authentische Spiele aus dem 16. bis 19. Jahrhundert zu besitzen oder als Leihgabe zur Verfügung zu haben, stellen die seltenen Tarotspiele in Sonderausstellungen vor.

Reproduktionen von authentischen Tarotspielen sind inzwischen überall erhältlich: in Schreibwaren-, Buch- und Glückwunschkartengeschäften, Geschenkläden und Boutiquen. Zahlreiche große Warenhäuser führen Abteilungen für Okkultes und bieten unter anderem auch die Tarotkarten an. In sogenannten »mod«- und »head«-Läden gibt es eine weit größere Auswahl an Tarot, Astrologie und okkulten Artikeln.

Buchläden führen Dutzende von verschiedenen Tarotbüchern, die vorgeben, die »wahre« esoterische Bedeutung des Tarotspiels zu enthüllen. Es gibt auch Tarot-Lieder, Broadway-Stücke, in denen die Tarot-Bilder auf der Bühne zum Leben erwachen, und ein beliebtes Musical, das den Tarot zum

Thema hat. In Kurzgeschichten, Novellen und Gedichten, so auch in T. S. Eliots Buch »The Waste Land« finden sich Hinweise auf den Tarot. Die beliebten symbolischen Tarot-Zeichen erscheinen auf unzähligen Artikeln, wie auf Stoffen, Plakaten, Souvenirs, Glückwunschkarten, Gemälden, Sammeltellern, Schmuck, Schreibtischverzierungen, Schlüsselanhängern, bunten Kleiderflicken und »objets d'art«.

Tageszeitungen, Zeitschriften, Radio und Fernsehen berichten über die Tarot-Welle. Eine städtische Bücherei in Neu-England gibt ihre Jahresberichte auf der Rückseite von übergroßen Tarotkarten heraus. Eine große Sparkasse benützt die Tarotkarten in einem 30-Sekunden-Spot für die Prophezeiung, wie man am besten sein Geld vermehrt (natürlich durch ein Sparkonto).

Dekorateure verwenden Tarot-Motive als Hintergrund für Mode-Artikel in buntbeleuchteten Schaufensterauslagen. Eine kürzlich stattfindende Modemesse verwandte den Tarot als verkaufsförderndes Thema für Ladeneinkäufer im ganzen Land. Nach Wahl oder rein zufällig – je nach Einstellung – sind die 22 Karten der Großen Arkana aus dem 78 Karten umfassenden Tarotspiel deutlich mit unserem Alltagsleben verflochten. Manche Karten haben beliebten Zeitschriften und Zeitungen ihren Namen geliehen. *Zeit* oder *Der Eremit* weisen auf die Zeitschrift *Time* hin.

Fortuna oder das *Rad des Schicksals* ist das Symbol der Zeitschrift *Fortune*. *Der Stern, Die Sonne** und *Die Welt* sind bekannte Tageszeitungen von heute. Jeder von uns gibt und braucht Liebe, wie dies in der Karte *Die Liebenden* beispielhaft dargestellt ist. Astrologische Einflüsse fesseln viele von uns, wenn wir unser Horoskop in *The Stars* verfolgen. Der Einfluß des Mondes ist so verzaubernd, daß wir in unserer Generation Zeugen der Erforschung der Mondoberfläche durch Astronauten geworden sind. Wir sind von der Sonne abhängig, drehen uns um sie, und es gibt heutzutage noch Menschen, die *Die Sonne* und ihre wärmespendenden Strahlen anbeten. Wir werden immer wieder motiviert und manchmal auch gefangengehalten von den beiden großen menschlichen Schwächen des

---

* Die amerikanische Zeitschrift »Sun«

Lebens: der Liebe *(Die Liebenden)* und dem Schicksal *(Rad des Schicksals)*. Wir verheimlichen unsere Ängste in Übergangszeiten, wie es *Der Gehängte* symbolisiert, während wir zu anderen Zeiten aus Gefühlen des Vertrauens oder der Verwirrung heraus in der Karte *Der Turm* von der Vergangenheit Abstand nehmen. Jeder von uns besitzt einen Hauch von der Kreativität und der Zauberkunst des Magiers, eine Vorliebe fürs Frivole, wie vom *Narren* symbolisiert, und zeitweise ein nicht zu verleugnendes Stück vom *Teufel* selbst. Wir haben alle einmal den erfolgreichen Geschäftsmann oder Führer der Karte *Der Herrscher* oder die dynamische und kompetente Frau der Karte *Die Herrscherin* gekannt. Wir begegnen in unserem Leben, sei es aufgrund unserer religiösen Überzeugung oder aufgrund einer Freundschaft, der Traditionsgebundenheit des *Hierophanten*. Jeder von uns erlebt Augenblicke der Bewunderung, die möglicherweise von einem vagen Gefühl des Unbehagens begleitet sind, wie bei der gelehrten *Hohepriesterin*, die so weise und wissend wirkt, jedoch jeglichen tieferen Gefühls oder Ausdrucks unfähig ist. In unserem gegenwärtigen Zeitalter ist das Leben sehr hektisch. Wie ein Krieger in seinem *Wagen*, der von zwei Pferden in entgegengesetzte Richtungen gezogen wird, eilen wir dem Untergang oder dem Sieg entgegen, wobei wir oftmals die Haupttugenden *Mäßigkeit, Gerechtigkeit* und *Kraft* vergessen. *Zeit* oder *Der Eremit* ist unser vergänglichster Besitz. Nachdem wir ein Leben lang auf der Suche nach unserer wahren *Welt* verbracht haben, werden wir schließlich zum (Jüngsten) *Gericht* aufgerufen.

Mit Widerstreben erkennen wir langsam, daß uns jeder Tag den letzten Augenblicken unseres Lebens näher bringt. Und so schreitet die erhabene Prozession der Tarotkarten fort – von der Geburt und Schöpfung des *Magiers* und der Unschuld des *Narren* bis zu den letzten Augenblicken in der Karte *Tod*.

Um was geht es eigentlich bei diesem faszinierenden, mysteriösen Tarotspiel, über das so viel geschrieben worden ist?

Das 78-Karten-Tarotspiel ist in zwei Hauptgruppen unterteilt: 22 Karten der Großen Arkana und 56 Karten der Kleinen Arkana. Die Großen Arkana oder die sinnbildlichen Karten enthalten eine unnumerierte Karte, *Der Narr* (das Gegenstück zum »Joker« der modernen Spielkarten), sowie 21 von I bis

XXI (1 bis 21) numerierte Karten. Die Karten der Großen Arkana werden auch Trümpfe genannt (»atouts« im Französischen und »atutti« im Italienischen) und tragen allgemein folgende Bezeichnungen:

Nr.	DEUTSCH	ENGLISCH	FRANZÖSISCH	ITALIENISCH
	Der Narr	The Fool, The Foolish Man	Le Mat, Le Fou oder le Fol	Il Matto
I	*Der Magier*	The Magician, The Juggler, The Thimble-Rigger, The Cup Player, The Mounter-bank oder The Pagad	Le Bateleur oder Le Joueur de Gobelets	Il Bagatto oder Il Bagattel
II	*Die Hohepriesterin*	The High Priestress, The Female Pope oder Juno	La Papesse	La Papessa
III	*Die Herrscherin*	The Empress	L'Impératrice	L'Imperatrice
IIII	*Der Herrscher*	The Emperor	L'Empéreur	L'Imperatore
V	*Der Hierophant*	The Hierophant, The Pope oder Jupiter	Le Pape	Il Papa
VI	*Die Liebenden (Der Scheideweg)*	The Lovers	L'Amoureux	Gli Amanti
VII	*Der Wagen*	The Chariot	Le Chariot	Il Carro
VIII	*Gerechtigkeit*	Justice	La Justice	La Giustizia
VIIII	*Der Eremit*	The Hermit	L'Ermite	L'Eremita
X	*Rad des Schicksals*	The Wheel of Fortune	La Roue de la Fortune	Rota di Fortuna oder Ruota della Fortuna
XI	*Kraft*	Strength, Force oder Fortitude	La Force	La Forza

Nr.	DEUTSCH	ENGLISCH	FRANZÖSISCH	ITALIENISCH
XII	Der Gehängte	The Hanged Man or The Hanging Man	Le Pendu	Il Penduto oder L'Appeso
XIII	Tod	Death	La Mort	Il Morte oder Lo Specchio
XIIII	Mäßigkeit	Temperance	La Tempérance	La Temperanza
XV	Der Teufel	The Devil	Le Diable	Il Diavolo
XVI	Der Turm (oder Der vom Blitz getroffene Turm)	The Tower, The Lightning Struck Tower, The House of God The Hospital, The Tower of Babel oder Fire of Heaven	La Maison de Dieu	La Torre
XVII	Der Stern	The Star	L'Etoile	La Stella
XVIII	Der Mond	The Moon	La Lune	La Luna
XVIIII	Die Sonne	The Sun	Le Soleil	Il Sole
XX	Das Gericht (oder Das Jüngste Gericht)	Judgement oder The Last Judgement	Le Jugement	L'Angelo oder Il Giudizio
XXI	Die Welt	The World oder The Universe	Le Monde	Il Mondo

Jede Karte der Großen Arkana trägt eine Bezeichnung und ein symbolisches Bild, das im Wahrsager eine Vorstellung wach werden läßt, die ihm die Deutungsrichtung der Karte weist: Abgesehen von geringen Verfeinerungen ist die kennzeichnende Darstellung über 5 Jahrhunderte hinweg die gleiche geblieben.

Die 56 Karten der Kleinen Arkana sind in vier Sätze zu je 14 Karten unterteilt und korrespondieren mit den Sätzen der gebräuchlichen Spielkarten:

DEUTSCH	FRANZÖSICH	ITALIENISCH	KORRESPONDIEREND
Schwerter	Épées	Spade	Pik
Schippen			
Stäbe, Eichel	Batons	Bastoni	Kreuz, Treff
Kelche	Coupes	Coppe	Herz
Münzen, Pentakel	Deniers	Denari	Karo
Schellen			

Jede Farbe besteht aus As, 2, 3, 4, 5, 6, 7, 8, 9, 10 und vier
Hofkarten, nämlich *König* (»Roi« oder »Re«), *Königin* (»Reine«
oder »Dama«), *Ritter* oder *Reiter* (»Cavalier« oder »Cavallo«)
und *Bube, Page* oder *Schelm* (»Valet« oder »Fante«).
Es gibt also eine Hofkarte mehr, die in richtiger Reihenfolge
zwischen der Königin und dem Buben liegt.

Das gebräuchliche numerierte 4-Sätze-Spiel scheint direkt
von den Tarotspielen des 14. Jahrhunderts abzustammen. Als
das Kartenspielen an Beliebtheit zunahm, wurden die Karten
der Großen Arkana weggelassen, mit Ausnahme des *Narren,*
der als »Joker« beibehalten wurde, und *Ritter* und *Bube*
wurden im heutigen *Buben* zusammengefaßt. So entstand das
Standardspiel von 52 Karten plus dem Joker.

KAPITEL II

Der Ursprung der Tarotkarten

Die genaue Herkunft der Tarotkarten liegt im dunkeln. Die Tarot- und Spielkarten gehen möglicherweise sogar bis ins alte Ägypten zurück, da Wissenschaftler die Große Arkana als ägyptische Hieroglyphen-Bücher erkannt haben wollen. Andere Gelehrte wiederum berichten über erstaunliche Ähnlichkeiten zwischen den Spielkarten und den früheren orientalischen Spielen und Gottheiten. Selbst ein Einfluß des viel späteren Mittelalters auf die Entstehung der Tarotkarten kann nicht ausgeschlossen werden. Es ist nicht einmal mit Sicherheit bekannt, ob die Karten der Großen Arkana mit ihren symbolischen Zeichen und die Karten der Kleinen Arkana mit ihren wohlbekannten Sätzen unabhängig voneinander entworfen und zu einem späteren Zeitpunkt von einem erfinderischen Geist zu einem Spiel zusammengefaßt wurden, oder ob sie von Anfang an als 78-Karten-Spiel gedacht waren. Nachstehend einige der wahrscheinlichsten Erklärungen für den Ursprung der gebräuchlichen Spielkarten und der esoterischen Tarotkarten. Anhaltspunkte zur Entstehung und frühen Entwicklung der Tarot- und Spielkarten werden hier in zeitlicher Reihenfolge genannt. Außerdem wird auf frühe Spiele Bezug genommen, die den Tarotkarten ähnlich sind und während des 15. Jahrhunderts in Italien beliebt waren, ebenso auf die Entwicklung bis zum Tarot Classic-Spiel des 18. Jahrhunderts.

Das ägyptische Buch Thoth

Court de Gebelin gibt 1781 in Band I des »Le Monde Primitif« ein gewichtiges Argument für den ägyptischen Ursprung der Tarotkarten. Laut Gebelin sind die 22 Karten der Großen Arkana ein altägyptisches Buch, nämlich das Buch Thoth, das aus den Ruinen der brennenden ägyptischen Tempel geborgen wurde.

Thoth war der ägyptische Merkur, von dem es heißt, er sei

einer der frühen Könige und der mythische Erfinder der Sprache und der Hieroglyphen oder Buchstaben mit ihren innewohnenden Mystizismen gewesen. Ihre Grundlage war ein Alphabet, in dem alle Götter Buchstaben sind, alle Buchstaben Ideen, alle Ideen Zahlen und alle Zahlen vollkommene Zeichen. Viele Gelehrte des Okkulten erkennen in den Tarotkarten Seiten aus ägyptischen Büchern, welche die Grundlagen der mystischen Philosophie der Ägypter in einer Reihe von Symbolen und sinnbildlichen Figuren beinhalten. Gebelin war der Meinung, daß die esoterischen Tarotsymbole später von wandernden Zigeunern in ganz Europa verbreitet wurden. In Kapitel III gehen wir ausführlicher auf einige von Gebelins Vorstellungen ein.

Schach

Das altindische Spiel namens »Chaturange« oder »Vier Könige« hat erstaunliche Ähnlichkeit mit den vier Sätzen der üblichen Spielkarten. Dieses orientalische Spiel, das aus dem 5. oder 6. Jahrhundert stammt und Vorläufer des heutigen modernen Schachspiels ist, hatte ursprünglich einen König, einen General (die heutige Königin), und einen Reiter sowie Bauern oder gewöhnliche Soldaten. Ursprünglich gab es keine Königin, da die Einführung einer weiblichen Person in ein Spiel, das Kriegsstrategien darstellt, den orientalischen Vorstellungen von Sitte und Moral widersprochen hätte. Es ist durchaus möglich, daß im alten Indien eine Gruppe von Spielern, die sich ohne Spielfiguren trafen, einfach ähnliche Figuren auf Streifen von Rinde oder Papier malten, aus denen sich später ein eigenständiges Spiel entwickelte.

Indische Gottheiten

Einige altindische Spielkarten umfassen entweder 8 oder 10 Sätze in einem Spiel und 12 Karten in jedem Satz, welche aus Zahlkarten von 1 bis 10 und zwei Hofkarten bestehen. Die Zeichen der Sätze ähneln den 10 Inkarnationen oder Avataren

des Vishnu, einem der Götter der hinduistischen Dreieinigkeit.
Die Zeichen der Sätze sind:

INKARNATION	NAME	ZEICHEN DES SATZES
Erste	Matsya	Fische
Zweite	Kurma	Schildkröten
Dritte	Varah	Eber
Vierte	Nara-simha	Löwen
Fünfte	Vamana	Zwerge oder Wasserkrüge
Sechste	Paracu-rama	Beile
Siebte	Rama-chandra	Pfeile
Achte	Krishna	Kühe
Neunte	Buddha	Muscheln
Zehnte	Kalki	Schwerter oder Pferde

Sammlung des Autors

Die Inkarnation des Vishnu. Gezeigt sind vier Sätze, die vier der insgesamt 10
Inkarnationsstufen oder Avatare der indischen Gottheit Vishnu zeigen:
Schildkröte und Fisch (oben): Eber und Schwerter (unten).
    Die Hofkarten sind mit festem Lack bemalt und reich verziert.
    Diese runden Karten haben einen Durchmesser von ca. 7 cm und sind auf
der Rückseite einfarbig.

Die letzte Inkarnation *Kalki,* »Das weiße Pferd«, wird noch erwartet und soll das Ende des gegenwärtigen Zeitalters einleiten. Es gibt zahlreiche Variationen zu den oben aufgeführten Symbolen der Sätze und einige von ihnen sind auf indischen Spielkarten schwierig zu erkennen.

China – Schach – Domino – Würfel

Eine bestimmte Art von chinesischen Karten hat denselben Namen wie das Chinesische Schach, nämlich »Keu-ma-paou« oder »Streitwagen-Pferde-Gewehre«, was die Möglichkeit, daß das Kartenspiel ursprünglich vom chinesischen Schach abstammt, nahelegt.

Die chinesischen Domino, die genauso gekennzeichnet sind wie die Spielwürfel, von denen sie sich anscheinend herleiten, wurden ursprünglich vermutlich zur Weissagung benützt. Es gibt 21 einzelne Steine, die insgesamt die verschiedenen Zahlenmöglichkeiten von zwei Würfeln darstellen. Elf dieser Steine sind doppelt vorhanden, was eine Gesamtsumme von 32 Steinen in einem Satz ergibt. Einige Forscher sind der Meinung, daß die Spielkarten sich über die chinesischen Holzdominos aus den Spielwürfeln entwickelt haben.

Der Koreanische (Wahrsage-)Pfeil

Die Theorie, daß die koreanischen Spielkarten von den koreanischen Wahrsage-Pfeilen abstammen, beruht auf den 80 Karten umfassenden koreanischen Spiel namens »Htou-Tjyen«. Diese Karten sind gewöhnlich ca. 20 cm lange und 0,7 cm breite Streifen geölten Papiers. Die Rückseiten sind einheitlich mit dem Bild einer Pfeilfeder gekennzeichnet. Die Spiele sind in 8 Sätzen unterteilt. Die Vorderseiten der Karten scheinen altüberlieferte Pfeilschäfte darzustellen, die in ihrem Satz die gleichen Symbole tragen wie der Pfeilköcher, aus dem sie stammen. Daher könnte die Meinung gerechtfertigt sein, die Karten hätten sich möglicherweise aus den koreanischen Wahrsage-Pfeilen entwickelt.

Fez, Marokko

Paul Foster Case erwähnt in seinem Buch »The Tarot, A Key to the Wisdom of the Ages« die Theorie, daß sich etwa um das Jahr 1200 n. Chr. eine Gruppe von gelehrten Männern aus allen Teilen des Erdballs in der marokkanischen Stadt Fez traf. Um ihre Sprachschwierigkeiten zu bewältigen, fertigten sie ein Bilderbuch an (aus ihm entwickelten sich die symbolischen Embleme des Tarotspiels), welches für alle Weisen verständlich war. Es gibt allerdings keine Beweise, um diese phantastische Theorie zu stützen.

Die Kreuzfahrer

Einige Gelehrte sind der Ansicht, daß die Spielkarten von den Kreuzfahrern nach Europa gebracht wurden. Allerdings endete die letzte Kreuzfahrt etwa 1291, und die Spielkarten finden in Europa erst hundert Jahre später glaubhafte geschichtliche Erwähnung.

Zigeuner

Viele Leute bringen die Wahrsage-Karten mit den Zigeunern in Verbindung, die ursprünglich aus Hindustan stammen und Anfang des 15. Jahrhunderts von dem islamischen Eroberer Timur Lenk, der einen Großteil Zentralasiens und Osteuropas eroberte, aus Indien vertrieben wurden. Die Zigeuner sind allgemein als Kartenzauberer par excellence bekannt und stehen im Ruf, daß ihnen Wahrsagen im Blute liegt. Die Zigeuner begannen ihre große Wanderung nach Westen um das Jahr 1400 mit der Überquerung des Indus und zogen durch Afghanistan, die Wüsten Persiens, entlang des Persischen Golfs bis zur Mündung des Euphrat. Ihre Wanderung führte sie weiter in die großen Wüsten Arabiens, von wo aus sie auf verschiedenen Wegen nach Europa gelangten. Kleine Stämme von Flüchtlingen befanden sich schon vor 1350 auf Kreta, Korfu und dem Balkan. Im Jahre 1417 kam eine Schar von Zigeunern in der

Nähe von Hamburg an. Anderen Berichten zufolge waren die Zigeuner 1422 in Rom und 1427 in Barcelona und Paris.

Es spricht allerdings vieles für die Ansicht, daß die Zigeuner ihre Wanderungen erst auf Europa ausweiteten, nachdem die Karten dort schon einige Zeit bekannt waren.

Der deutsche Mönch Johannes

Ein deutscher Mönch namens Johannes aus dem schweizerischen Brefeld berichtete, daß ein Spiel mit dem Namen »das Spiel der Karten« (ludus cartarum«) in dem Jahre 1377 zu uns gelangte, doch erklärte er ausdrücklich, daß er nicht wisse, »zu welcher Zeit, an welchem Ort und von wem es erfunden wurde«. In seiner handgeschriebenen Abhandlung, die sich derzeit in der Sammlung des Britischen Museums in London befindet, vergleicht Johannes das Kartenspiel mit dem Schachspiel, »da es in beiden Könige, Damen, hochstehende Adelige und gemeines Volk gibt«.

Über die verwendeten Karten sagt er, daß die Männer »die Karten auf verschiedene Arten bemalen und mit ihnen auf die eine oder andere Weise spielen. Die gebräuchliche Form kam so zu uns: Vier Könige, von denen jeder auf einem königlichen Thron sitzt und ein Zeichen in seiner Hand hält, werden auf vier Karten abgebildet.«

Viterbo – Covelluzzo – Sarazener

Ein Manuskript von Feliciano Bussi, das die Geschichte Viterbos behandelt und 1742 veröffentlicht wurde, zitiert angeblich einen Chronisten des 15. Jahrhunderts namens Covelluzzo:

> »Anno 1379 , fu recato in Viterbo el gioco delle carti, che venne de Seracenia e chiamasi tra loro NAIB.« »Im Jahre 1379 wurde das Kartenspiel, das aus dem Sarazenerland kommt und von ihnen ›Naib‹ genannt wird, nach Viterbo gebracht.«

Giovanni Covelluzzo schrieb seine Geschichte Viterbos 1480 nieder. Da Covelluzzo nicht zum erwähnten Zeitpunkt lebte, ist es fraglich, ob sein Hinweis auf die Spielkarten seine persönliche Meinung ist oder die eines seiner Vorfahren, Nicholas de Covelluzzo, wiedergibt, dessen früherer Chronik Giovanni die Information eventuell entnommen haben könnte, oder ob einer der beiden Beweise dafür hatte, daß die Karten von den Sarazenern, Arabern oder Mauren kamen.

Naipes

Eines der Hauptargumente für die sarazenische Herkunft der Karten ist der spanische Name für Spielkarten, nämlich »Naipes«, ein Wort, das von dem baskischen »napa«, das flach oder eben bedeutet, stammen könnte.

Einige Gelehrte sind der Auffassung, daß der Ursprung des Wortes »naipes« im Arabischen liegt. Das hebräische Wort »naibes« ähnelt dem alten italienischen Namen für Karten »naibi«, und in beiden Sprachen bedeutet es Zauberei, Wahrsagerei und Prophezeiung.

Eine andere Theorie behauptet, daß das Wort »naipes« auf die Anfangsbuchstaben des vermeintlichen Namens des Erfinders der Karten, nämlich N. P. für einen gewissen Nicolao Pepin, zurückzuführen sei, doch es gibt keinerlei Beweise für eine derartige Schlußfolgerung.

Alphonso XI.

Alphonso XI., König von Kastilien, gründete 1332 einen Ritterorden namens »Das Band«, von dem heute jedoch keine Spur mehr geblieben ist. Don Antonio de Guevara, Bischof von Mondonedo, veröffentlichte in Valladolid im Jahre 1539 in seinen »Golden Epistles« eine Kopie der Statuten jenes Ordens. In einer späteren Übersetzung dieser Statuten ins Französische, die 1558 in Lyon von Dr. Gutery unter dem Titel »Lettres Familiales« herausgegeben wurde, gibt es einen Abschnitt, der besagt, daß es den Rittern des Bandes untersagt sei, um Geld

Karten zu spielen oder zu würfeln (»Comandoit leur ordre que nul des chevaliers de 1 Bande, n'osast iouer (sic) argent aux cartes où dez«).

Dr. Gutery zitiert zwar nicht die von ihm verwendete spanische Ausgabe der Episteln, versichert uns jedoch, daß er vom Originaltext, welcher vermutlich ein spanisches Manuskript war, übersetzt habe. Das Wort »cartes« ist allerdings nicht in der spanischen Originalausgabe von Guevara zu finden, so daß es keinen Beweis dafür gibt, daß das Kartenspielen um Geld nach den Statuten eines 1332 gegründeten Ordens in Spanien verboten gewesen sei.

John I.

John I., König von Kastilien, erließ angeblich im Jahre 1387 eine Verordnung, die Würfel, »naipes« und Schach verbot.

Charles VI. – Gringonneur

In den Geschäftsbüchern von Charles Poupart, dem Schatzmeister von Charles VI. von Frankreich, befindet sich ein Passus, der berichtet, daß drei vergoldete und unterschiedlich verzierte Kartenspiele von Jacquemin Gringonneur zum Zeitvertreib des Königs von Frankreich im Jahre 1392 gemalt wurden. Gringonneur erhielt dafür 56 sols de Paris.

»Donné à Jacquemin Gringonneur, peintre, pour trois jeux de cartes à or et à diverses couleurs, de plusieurs devises pour porter devers ledit Seigneur Roi, pour son ébattement, cinquante-six sols parisis.«

Gringonneur wurde aus diesem Grunde von vielen zugeschrieben, die Spielkarten erfunden zu haben, um damit die Melancholie des Königs zu vertreiben. Der Passus von Poupart besagt jedoch nicht mehr, als daß, wie gesagt, drei Kartenspiele speziell für den König gemalt wurden.

Interessanterweise existieren heute 17 Karten in den Archiven der Bibliothèque Nationale de Paris, die viele Jahre für die Original-Gringonneur-Karten gehalten wurden, obwohl sie wahrscheinlich venezianischen Ursprungs aus dem 15. Jahrhundert sind.

Die 17 Karten des sogenannten Gringonneur-Spiels tragen weder Aufschriften, Buchstaben noch Zahlen, die auf die Art hinweisen, wie die Karten zu ordnen sind. Sie sind jedoch ohne

Gringonneur oder die Venezianischen Tarotkarten   Sechs der 17 sogenannten Gringonneur-Karten. Von links nach rechts abgebildet sind (oben) »Der Herrscher«, »Die Liebenden« und »Gerechtigkeit«; (unten) »Der Eremit«, »Tod« und »Das Gericht«. Die handgemalten Karten sind aufwendig in ihrer Bildgestaltung und im Stil des 14. Jahrhunderts gemalt. Einige Forscher sind der Meinung, daß die Karten nicht von Gringonneur im Jahre 1392 gemalt wurden, sondern venezianischer Herkunft und Mitte des 15. Jahrhunderts entstanden sind.

weiteres mit den modernen Tarotsymbolen sowie mit zehn, eventuell dreizehn Bildern aus dem 50 Karten umfassenden Tarocchi di Mantegna-Spiel vergleichbar.

GRINGONNEUR-SPIEL	MODERNES TAROT	TAROCCHI DI MANTEGNA
1. Le Fou	Der Narr	*Misero* I
2. L'Empereur	Der Herrscher	*Imperator* VIIII
3. Le Pape	Der Hierophant	*Papa* X
4. Les Amoureux	Die Liebenden	*Apollo* XX
5. Le Chariot	Der Wagen	*Marte* XXXXV
6. La Justice	Gerechtigkeit	*Justicia* XXXVII
7. L'Ermite	Der Eremit	*Saturno* XXXXVII
8. La Fortune	Das Rad des Schicksals	*Astrologia* XXVIIII
9. La Force	Kraft	*Fortezza* XXXVI
10. La Tempérance	Mäßigkeit	*Temperancia* XXXIIII
11. La Lune	Der Mond	*Luna* XXXXI
12. Le Soleil	Die Sonne	*Sol* XXXXIIII
13. Le Valet d'Epée	Bube der Schwerter	*Chevalier* VI

Für die nachstehenden vier Bilder gibt es in den Tarocchi von Mantegna-Karten keine Entsprechungen; allerdings findet man sie in den Karten der Großen Arkana der modernen Tarotspiele.

14. Le Pendu	Der Gehängte
15. La Mort	Tod
16. La Maison de Dieu	Der Turm
17. Le Jugement	Gericht

Gringonneur – Mäßigkeit Diese Karte hat Ähnlichkeit mit der sinnbildlichen Darstellung der »Mäßigkeit« in modernen Tarotspielen. Sie veranschaulicht die Lebensessenz, die zwischen zwei Gefäßen fließt. Die 17
sogenannten Gringonneur-Karten aus der Sammlung von M. de Gaignières,
dem zweiten Tutor der Enkel von Ludwig XIV., der sie zusammen mit seiner
gesamten Sammlung von Drucken und Zeichnungen dem König 1711 hinter-
ließ, soll erhalten geblieben sein.

Verordnung vom 22. Januar 1397

In einer 1369 von Karl VI. erlassenen Verordnung gegen
Glücksspiele werden die Spielkarten nicht erwähnt, obwohl
viele Glücksspiele aufgeführt werden. 28 Jahre später jedoch
wurde der Prevot de Paris gezwungen, in einer Verordnung
vom 22. Januar 1397 »arbeitenden Menschen das Spielen von
Tennis, Ball, *Karten* oder Kegeln, außer an Feiertagen zu
verbieten«. Aufgrund dessen können wir die Einführung der
Spielkarten in Frankreich für die Zeit zwischen 1369 und 1397
annehmen, wobei die späteren Jahre wahrscheinlicher sind.

Eine ganze Anzahl von tarotartigen Kartenspielen, die mit
dem uns heute bekannten 78-Karten-Tarotspiel Ähnlichkeit
haben, erschien während des 15. Jahrhunderts in Italien.

Tarocchi von Mantegna

Das Tarocchi von Mantegna-Spiel, das auch als »Carte di
Baldini« bekannt ist, umfaßt 50 lehrreiche Karten, die in fünf
Gruppen zu je 10 Karten unterteilt sind. Die Karten sind ganz
deutlich nach dem Aufbau des Universums angeordnet. Die
Figuren jeder Serie von 10 Karten steigen in der Anordnung
von der einfachen zur bedeutendsten Figur der jeweiligen
Kategorie auf. Die Gruppen sind nach Zahlen geordnet, aller-
dings in umgekehrter Buchstabenfolge, so daß der letzte Satz,
der die Ordnung der Planeten umfaßt und zum Ursprung aller
Dinge, zu Gott führt, den ersten Buchstaben »A« trägt.

Tarocchi von Mantegna-Karten   Zehn Karten der Serie E sind von 1 bis 10 numeriert und stellen die verschiedenen Rangordnungen im Leben vom Bettler bis zum Papst dar. Zwei Karten aus der Serie D, Nummer 11 und 12, stellen die griechischen Musen Calliope und Urania dar. Die Karte Nr. 1, »Misero«, zeigt einen Bettler, der von einem Hund am Bein gepackt wird, was »Le Mat« oder dem »Narren« des Tarotspiels gleichkommt. Beachtenswert ist, daß die beiden Karten »Imperator« und »Papa« dieselben Bezeichnungen tragen, die in den modernen Tarotspielen verwendet werden: »Herrscher« und »Hierophant«. Weitere abgebildete Mantegna-Karten und die Hofkarten der modernen Tarotspiele, denen sie ähneln, umfassen *2 Fameio* – Herzbube, *4 Merchadante* – Karokönig, *5 Zintilomo* – Kreuzbube, *6 Chevalier* – Pikbube, *7 Doxe* – Herzkönig und *8 Re* – Pikkönig.

29

SERIE E

I	*Misero*	Der Bettler
II	*Fameio*	Der Diener oder Knappe
III	*Artixan*	Der Handwerker oder Goldschmied
IIII	*Merchadante*	Der Kaufmann
V	*Zintilomo*	Der Edelmann oder Adelige
VI	*Chevalier*	Der Ritter
VII	*Doxe*	Der Doge von Venedig
VIII	*Re*	Der König
VIIII	*Imperator*	Der Kaiser
X	*Papa*	Der Papst

SERIE D

XI	*Caliope*	Calliope, Muse der epischen Dichtung
XII	*Urania*	Urania, Muse der Astronomie
XIII	*Terpsicore*	Terpsichore, Muse des Tanzes und des Chorgesangs
XIIII	*Erato*	Erato, Muse der lyrischen Dichtung und des Mimenspiels
XV	*Polimnia*	Polimnia, Muse des Gesangs, der Rhetorik und des Mimenspiels
XVI	*Talia*	Thalia, Muse des Lustspiels und der Schäferpoesie
XVII	*Melpomene*	Melpomene, Muse des Trauerspiels
XVIII	*Euterpe*	Euterpe, Muse der lyrischen Dichtung und der Musik
XVIIII	*Clio*	Clio, Muse der Geschichte
XX	*Apollo*	Apollo, Gott der Sonne, der Prophezeiung, der Musik, der Medizin, der Dichtung und Führer der Musen

SERIE C

XXI	*Grammatica*	Grammatik
XXII	*Logica*	Logik
XXIII	*Rhetorica*	Rhetorik
XXIIII	*Geometria*	Geometrie
XXV	*Aritmetricha*	Mathematik
XXVI	*Musica*	Musik
XXVII	*Poesia*	Dichtkunst
XXVIII	*Philosofia*	Philosophie
XXVIIII	*Astrologia*	Astrologie
XXX	*Theologia*	Theologie

SERIE B

XXXI	*Iliaco*	Astronomie
XXXII	*Chronico*	Chronologie
XXXIII	*Cosmico*	Kosmologie
XXXIIII	*Temperancia*	Mäßigkeit
XXXV	*Prudencia*	Klugheit
XXXVI	*Forteza*	Kraft oder Stärke
XXXVII	*Justicia*	Gerechtigkeit
XXXVIII	*Charita*	Wohltätigkeit
XXXVIIII	*Speranza*	Hoffnung
XXXX	*Fede*	Glaube

XXXXI	*Luna*	Mond
XXXXII	*Mercurio*	Merkur
XXXXIII	*Venus*	Venus
XXXXIIII	*Sol*	Sonne
XXXXV	*Marte*	Mars
XXXXVI	*Jupiter*	Jupiter
XXXXVII	*Saturno*	Saturn
XXXXVIII	*Octava Spera*	Die 8. Sphäre
XXXXVIIII	*Primo Mobile*	Der Hauptagent oder die Ursprungskraft
XXXXX	*Prima Causa*	Der Ursprung aller Dinge

Das Britische Museum in London besitzt einen unvollständigen Satz von 47 Karten, der vermutlich entweder von 1470 oder 1485 stammt, und es gibt noch mehrere Spiele in führenden Museen und Privatsammlungen in den Vereinigten Staaten und Europa.

Italienische Minchiate-Karten Das komplette florentinische Minchiate-Spiel, etwa um 1670, enthält 97 Karten. Die Rückseite jeder Karte besteht aus Papier, das nach vorne um die Kartenränder geschlagen ist und ein Tupfenmuster trägt.

Die abgebildeten Karten sind von links nach rechts: (obere Reihe) I Der Gaukler, VI Mäßigkeit, XIII Tod; (mittlere Reihe) XVI Hoffnung, XXVII Widder, König der Schwerter; (untere Reihe) Ritter der Schwerter, Bube der Kelche, Drei der Münzen. Die Ritter dieses Spiels sind Phantasiefiguren mit einem menschlichen Torso auf einem Pferdekörper (Kentauren). Die Münzkarten zeigen meist Köpfe als Münzbilder. Die farbigen Karten sind ca. 6 × 9,7 cm und haben rechtwinklige Kanten. Die Rückseiten sind mit einem blaßgrauen Blumenmuster verziert.

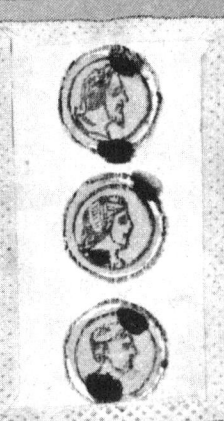

Tarocchi von Venedig

Die Tarocchi von Venedig oder die Lombardi-Spiele umfassen 78 Karten mit 22 Karten der Großen Arkana und 56 der Kleinen Arkana. Venezianische Tarotspiele führten die Figur mit dem Namen »La Papasse« ein. Diese symbolische Figur wurde in späteren Tarotspielen als »Die Hohepriesterin« bekannt und um 1800 in Besançon zu »Junon« abgeändert.

Tarocchino von Bologna

Die Tarocchinospiele von Bologna bestehen aus 62 Karten, und es wird vermutet, daß sie von François Fibbia, dem Prinzen von Pisa, während seines Exils in jener Stadt erfunden wurden. Er starb 1419 in Bologna. Das Spiel enthält die üblichen 22 Karten der Großen Arkana, jedoch nur 40 Zahlkarten, da die kleinen Karten 2, 3, 4 und 5 weggelassen wurden. Es gibt weder Titel noch Namen auf den Karten der Großen Arkana und den Hofkarten. Die ersten vier »atutti« sind unnumeriert und anstelle des Papstes, des Kaisers und der Kaiserin sowie der legendären Päpstin sind Mauren auf diesen Karten abgebildet, was wahrscheinlich auf die Tatsache, daß die Republik Bologna erst nach 1513 unter päpstliche Herrschaft kam, zurückzuführen ist. Die Zahlkarten-Sätze sind die üblichen »spade«, »bastoni«, »coppe« und »denari«.

Minchiate von Florenz

Die Minchiatespiele von Florenz ähneln den gebräuchlichen 78-Karten-Tarotspielen, doch wurden sie auf 97 Karten erweitert. Es gibt 41 Trumpfkarten, 19 aus der Originalreihe plus die 12 Tierkreiszeichen, die vier Elemente, die »drei theologischen Tugenden« (Glaube, Hoffnung und Wohltätigkeit) und eine »Kardinaltugend« (Klugheit). Die ersten 35 Karten namens »papi« sind mit römischen Ziffern versehen und in der folgenden Reihenfolge ohne Titel angeordnet:

I	Der Gaukler	XIX	Wohltätigkeit
II	Der Großherzog	XX	Feuer
III	Der Kaiser	XXI	Wasser
IIII	Die Kaiserin	XXII	Erde
V	Liebe	XXIII	Luft
VI	Mäßigkeit	XXIV	Waage
VII	Kraft	XXV	Jungfrau
VIII	Gerechtigkeit	XXVI	Skorpion
IX	Rad des Schicksals	XXVII	Widder
X	Der Wagen	XXVIII	Steinbock
XI	Der Eremit	XXIX	Schütze
XII	Der Verräter	XXX	Krebs
XIII	Tod	XXXI	Fisch
XIV	Der Teufel	XXXII	Wassermann
XV	Der Turm	XXXIII	Löwe
XVI	Hoffnung	XXXIV	Stier
XVII	Klugheit	XXXV	Zwillinge
XVIII	Glaube		

Die nächsten fünf unnumerierten Karten namens »arie« sind in der folgenden Reihenfolge ohne Titel angeordnet: Der Stern, Der Mond, Die Sonne, Die Welt und Das Jüngste Gericht, das gelegentlich als »Ruhm« dargestellt wird.

Die Hofkarten tragen ebenfalls keine Bezeichnungen und sind wie üblich Einzelfiguren. Dieses Spiel ist wahrscheinlich älter als das Tarocchino di Bologna-Spiel und hat erstaunliche Ähnlichkeit mit einigen der venezianischen Tarocchi.

Visconti-Sforza-Spiel

Eines der ältesten bekannten und noch heute existierenden Spiele stammt aus dem Mailand des 15. Jahrhunderts. Francesco Sforza, der vierte Herzog von Mailand, war der erste Besitzer eines 78-Karten-Tarotspiels, das unter dem Namen Visconti-Sforza-Karten bekannt ist. Das Spiel umfaßt die vier Sätze »spade«, »bastoni«, »coppe« und »denari« sowie die 22 Karten der Großen Arkana einschließlich »II Matto«, Der Narr.

Das Visconti-Sforza-Spiel wurde wahrscheinlich innerhalb der Jahre 1432 (als die Verlobung des Francesco Sforza mit Bianca Maria Visconti die beiden Familien vereinte) und 1466 (als Herzog Francesco starb) gemalt.

35 Karten des Visconti-Sforza-Spiels, darunter 15 Karten aus der Großen Arkana, wurden 1911 von der Pierpont Morgan Library in New York erworben. Von den übrigen Karten sind 26 im Besitz der Academia Carrara in Bergamo, Italien, und 13 im Besitz der Familie Colleoni aus Bergamo. Die restlichen 4 Karten fehlen.

Visconti-Sforza-Tarotkarten   Drei Karten des berühmten Visconti-Sforza-Spiels aus dem 15. Jahrhundert, die ursprünglich (etwa 1450) im Besitz des vierten Herzogs von Mailand waren und sich gegenwärtig in der Sammlung der Pierpont Morgan Library in New York befinden. Die abgebildeten Karten ohne Namen sind: (oben links) Mäßigkeit, (oben rechts) Königin der Schwerter und (unten) Rad des Schicksals. Die Karten sind aus starkem Karton, handbemalt und koloriert. Die Trumpf- und Hofkarten sind in leuchtenden Farben auf einem rautenförmigen Goldhintergrund auf Rot gemalt. Silber dient zur Bemalung der Rüstungen oder zur Verzierung der Gewänder. Die rechteckigen Karten sind ca. 18 × 8,5 cm groß. Die Rückseiten sind einfarbig rot gehalten.

Tarot von Marseille

Gegen Ende des 15. Jahrhunderts hatte das italienische Tarotspiel einige Abänderungen erfahren; und in ganz Europa,
jedoch speziell in Frankreich, wurde das Marseiller Tarotspiel,
das zwar in der Gestaltung verschieden war, doch die gleichen
Figuren hatte, weithin populär. Die 22 Karten der Großen
Arkana und die 16 Hofkarten zeigen einzelne Köpfe anstelle
der doppelköpfigen Figuren, die in modernen Tarotspielen aus
Piemont beliebt waren. Die älteren Tarotspiele benützten
auch römische Ziffern statt arabische. Tarotspiele trugen, egal
wo sie in Europa hergestellt wurden, die französischen Bezeichnungen der Großen Arkana und verwendeten weiterhin die
italienischen Sätze Schwerter, Stäbe, Kelche und Münzen.

Tarocchino von Mitelli

Der in Bologna, Italien, lebende Graveur und Maler Guiseppe
Maria Mitelli wurde 1634 geboren und starb 1718. Im Jahre
1664 gravierte Mitelli eine Reihe von 62 Tarocchino-Karten,
welche aus vier Sätzen zu je vier Hofkarten, Zahlkarten von 10
bis 6 und dem As sowie 22 »atutti« einschließlich »Il Matto«
bestanden. Die höchste »atutti« heißt »Il Giudizio« und die
niedrigste »Il Tempo«. Auf dem As der »Coppe« befindet sich
das Wappen der Familie Bentivoglio aus Bologna, für die die
handkolorierten Radierungen gemacht wurden.
    Mitelli nahm erhebliche Veränderungen an den herkömmli-
chen Darstellungen der »atutti« oder Trumpfkarten vor. Zum
Beispiel wurden die beiden männlichen und weiblichen Päpste
in zwei bärtige Päpste verwandelt, von denen einer sitzt und
der andere steht; der letztere soll möglicherweise den östlichen
Patriarchen darstellen. »Der Herrscher« und »Die Herrscherin« werden ebenfalls als Herrscher des Ostens und des Westens wiedergegeben. »Der Gehängte«, »Le Pendu«, wurde
ersetzt durch einen Mann, der einen anderen mit einem Schle-
gel schlägt. »Der Eremit«, der normalerweise eine schwere
Kutte trägt, wurde zu einer entkleideten, geflügelten Gestalt
auf Krücken, die »Die Zeit« darstellt. »Die Sonne« und »Der

Marseiller Tarotkarten von Grimaud   Dieses klassische Tarotspiel in wunderschönen Farben trägt die englischen Bezeichnungen der Trumpfkarten. Diese Karten werden von B. P. Grimaud in Frankreich hergestellt. Die Karten werden auf starkem Karton lithographiert und haben gerundete Ecken. Die Bilder sind typische Marseiller Tarot-Symbole. Die Karten sind 7 × 12,5 cm groß. Das Muster auf der Rückseite besteht aus blauen Karos.

39

Mond«, die in den Mitelli-Radierungen künstlerisch dargestellt sind, zeigen den Gott der griechischen Mythologie Apollo und die Göttin der römischen Mythologie Diana. Die Linienführung ist sehr fein und besonders ausdrucksvoll sind die Karten, die den »Narren« und den »Magier« repräsentieren. Im großen und ganzen jedoch ist es sehr schwierig, die Karten mit den traditionellen Tarocchino-Symbolen in Beziehung zu setzen. Die Entwürfe von Mitelli sind eher wegen ihres eigenartigen und manchmal genialen Charakters als wegen ihrer Ausführung bemerkenswert.

Reprinted from Bologneser Tarockspiel

Mitelli-Tarocchino-Karten Drei der 62 Karten, die von Mitelli für das Tarocchino von Bologna-Spiel entworfen wurden, sind abgebildet. Die abgebildeten »atutti-Karten« repräsentieren auf der Karte Nr. 2 »Den Bärtigen Papst«, auf der Karte Nr. 3 »Die Herrscherin« und auf der Karte Nr. 4 »Den Herrscher«. »Die Herrscherin« und »Der Herrscher« werden als Herrscher des Ostens und Westens dargestellt. Außerdem verwandelte Mitelli den weiblichen Papst in einen zweiten stehenden bärtigen Papst (nicht abgebildet), der wahrscheinlich den östlichen Patriarchen repräsentiert. Mitelli erlaubte sich große künstlerische Freiheiten bezüglich der gebräuchlichen Symbole des Tarotspiels.

Tarot Classic

Das Tarot Classic-Spiel aus dem 18. Jahrhundert wurde nach Original-Holzschnitten von Claude Burdel hergestellt. Das Burdel-Spiel benützt die herkömmlichen italienischen Sätze und die 22 Großen Arkana. Die »Zwei der Münzen« trägt die Aufschrift: »Claude burdel Cartier et Graveur, 1751«. Auf der »Drei der Kelche« und dem »Wagen« stehen die Initialen ».C.B.«, was zeigt, daß Burdel die Karten nicht nur gravierte, sondern auch verkaufte. Obwohl das französische Wappen auf dem Burdel-Tarotspiel abgebildet ist, ist es möglich, daß diese Karten ursprünglich im schweizerischen Solothurn oder Umgebung hergestellt wurden, da das französische Wappen auch auf Drucken dieses Kantons erscheint, was wohl darauf zurückzuführen ist, daß Solothurn viele Jahre Wohnsitz des französischen Botschafters in der Schweiz war. Die Tarot Classic-Karten, die in Kapitel IV und V dieses Buches abgebildet sind, stützen sich auf die Entwürfe von Claude Burdel, doch nahmen die Graphiker bei AGM AGMüller, Schweiz, geringfügige Änderungen vor.

Etymologie des Tarot und Tarotée

Der Ursprung des Wortes Tarot liegt ebenso wie die Herkunft der Karten im dunkeln. Zahlreiche Gelehrte sind der Auffassung, daß das Wort aus einem ägyptischen Dialekt stammt. Andere wiederum glauben, daß sich das Wort aus dem Ausdruck »tarotée« entwickelte. Das ist die Bezeichnung für das Rückenmuster der frühen Karten, das aus Reihen von sich kreuzenden Linien in unterschiedlicher Breite besteht und dem heutigen Rückenmuster des Tarot Classic-Spiels ähnlich sieht.

I	II	III	IIII
LE BATELEVR	LA PAPESSE	L'IMPERATRISE	L'EMPEREVR

V	VI	VII	VIII
LE PAPE	LAMOVREVX	LE CHARIOR	IVSTICE

VIIII	X	XI
L'ERMITE	LA ROVE DE FORTVNE	LA FORCE

Burdels Pentakelsatz Die vier Hofkarten im Satz »deniers« oder Münzen, nach den Original-Holzschnitten von Burdel. Die Figuren werden als »Roy« (König), »Reyne« (Königin), »Cavallier« (Ritter) und »Valet« (Knappe) bezeichnet. Auf der Vier der Pentakel befindet sich ein Adler im Wappenschild und die Zwei der Münzen-Karte trägt die Aufschrift: »Claude Burdel, Cartier et Graveur, 1751«.

◁ *Tarot Classic von Burdel – Große Arkana* Die Großen Arkana von I bis XI nach Original-Holzschnitten von Burdel. Das Tarot Classic-Spiel basiert auf den Burdel-Entwürfen aus dem Jahre 1751. Beachten Sie die Initialien ».C.B.« auf Karte Nr. VII, »Der Wagen«. Die Titel der 22 Karten der Großen Arkana, wie sie auf dem Originalspiel waren, lauten: I – Le Bateleur, II – La Papesse, III – L'Imperatrice, IIII – L'Empereur, V – Le Pape, VI – Lamoureux, VII – Le Charior, VIII – Iustice, VIIII – L'Ermite, X – La Roue de Fortune, XI – La Force, XII – Le Pendu, XV – Le Diable, XVI – La Maison de Dieu, XVII – L'Etoile, XVIII – La Lune, XVIIII – Le Soleil, XX – Le Jugement, XXI – Le Monde und Le Mat.

Tarotée-Muster

Andere frühe Karten hatten manchmal eine silberne Umrahmung mit einem spiraligen Band aus feinen Tupfen oder Punkten. Diese Tüpfelchen oder scheinbaren Löcher kannte man als »tares«, und Karten mit diesen »tares« wurden »tarots« genannt, oder man sagte, sie seien »tarotées«.

Es wurde auch schon behauptet, daß das Wort »Tarot« von den Spielen Tarocchi oder Tarocchino, die wir schon erwähnt haben, abgeleitet wurde. In den Statuten der Pariser Kartenmacher-Gilde vom Jahre 1594 nennen sich die »cartiers« selbst »tarotiers«, eine andere Form des Wortes Tarot.

Eine begrenzte Anzahl von authentischen Tarotspielen und tarotähnlichen Karten aus dem 15. bis 19. Jahrhundert ist im Besitz einer kleinen Anzahl von Privatsammlungen. Diese außerordentlich seltenen Originalspiele werden von Sammlern hoch geschätzt und können gelegentlich von Tarotinteressierten erworben werden.

Tarotée Design

KAPITEL III

Die Entwicklung der Tarotkarten

Antoine Court de Gebelin wurde 1725 in Nimes geboren und starb am 10. Mai 1784 in Paris. Er studierte Theologie in Lausanne und trat in die Fußstapfen seines Vaters Antoine Court als Pastor der Reformierten Kirche.

Gebelin war ein begeisterter Schüler der altertümlichen Mythologie. Er beschäftigte sich mit dem Studium der Religionen vom Standpunkt der Linguistik aus und versuchte jene Ursprache wiederzuentdecken, deren hieroglyphische Schrift die verschiedenen bekannten Mythologien erklären würde, von denen er vermutete, daß sie alle dieselben Wahrheiten in Symbolen offenbaren.

Gebelin widmete dieser umfangreichen Forschungsarbeit 20 Jahre seines Lebens und legte seine Ideen in neun Bänden dar, die 1775 bis 1789 veröffentlicht wurden und den Titel »Le Monde Primitif, analysé et comparé avec le monde moderne« trugen.

In Band I, auf Seite 363 beginnend, präsentiert Gebelin eine Abhandlung mit dem Titel »Du Jeu des Tarots. Ou l'on traite de son origine, où on explique ses allegories, et où l'on fait voir qu'il est la source de nos cartes modernes à jouer, etc., etc.« Gebelin entwickelte die Theorie, daß die Tarotkarten ägyptischen Ursprungs seien und als ägyptisches Buch betrachtet werden sollten, das uns durch Jahrhunderte hinweg eine Zusammenfassung der ägyptischen Lehren über einige wichtige und interessante Themen überliefert. Laut Gebelin waren die Tarotkarten entweder Allegorien, die sich in altägyptischen Hieroglyphen ausdrücken, die mit ihrer Philosophie und Religion verbunden sind, oder ein Buch, das die Geschichte und Schöpfung der Welt und die Geschichte der ersten drei Zeitalter, beginnend mit Merkur, darlegt. Die vier Kartenfarben sollten die vier Stände oder Ränge der politischen Gesellschaft darstellen. Die gesamte Grundlage der Tarotkarten war von verschiedenen Gesichtspunkten aus die Zahl Sieben, die den Ägyptern heilig war und auf der die Grundzüge aller Wissenschaften basierten. Jeder Satz bestand aus zweimal sieben Karten. Die »atouts« belaufen sich auf dreimal sieben und die Gesamtsumme der Karten ist 77, wobei »Der Narr« die Null repräsentiert. Laut Gebelin waren die Zigeuner in Wirklichkeit Ägypter, die sich über ganz Europa verteilten und von denen wir den Brauch des Wahrsagens mittels Karten übernommen haben. Gebelin sah das Wort Tarot als eine Verbindung von »tar«, der Pfad oder Weg, und »ro, ros«, oder »rog«, das König oder königlich bedeutet; das Wort Tarot hat demnach die Bedeutung »der königliche Weg des Lebens«.

Collection of the Bibliothèque Nationale, Paris

Abb.: A. Court de Gebelin

»Stellen Sie sich das Erstaunen vor, das die Entdeckung eines ägyptischen Buches hervorrufen würde«, schrieb Gebelin, »wenn wir erfahren würden, daß ein Werk der Altägypter in unserer Zeit noch existiert – eines der Bücher, das aus den Flammen, die ihre herrlichen Bibliotheken verschlungen haben, gerettet worden ist und ihre höchsten Erkenntnisse über interessante Dinge enthalten soll. Jedermann wäre zweifelsohne erpicht darauf, ein so wertvolles und außergewöhnliches Buch kennenzulernen. Wenn wir nun hinzufügen würden, daß dieses Buch in einem Großteil Europas allgemein gebräuchlich, und daß es seit Jahrhunderten in jedermanns Hand ist, wäre es gewiß erstaunlich, wenn man uns dies glauben würde. Noch größer wäre das Staunen, wenn wir uns dafür verbürgten, daß wir nie vermutet haben, daß das Buch ägyptisch sei, und daß wir es besitzen, ohne es tatsächlich zu besitzen, da wir nie versucht haben, auch nur eine Seite davon zu entziffern und die Früchte seiner wunderbaren Weisheit als eine Ansammlung von komischen Figuren, die in sich selbst nichts bedeuten, abgetan haben. Würde man uns dann nicht vorwerfen, daß wir versuchen, die Intelligenz der Leser zu beleidigen?«

»Dieses ägyptische Buch existiert«, behauptet Gebelin. »Dieses ägyptische Buch ist alles, was in unserer heutigen Zeit von ihren herrlichen Bibliotheken übriggeblieben ist. Es ist sogar so verbreitet, daß sich kein einziger Gelehrter dazu herabgelassen hat, sich damit zu beschäftigen, da keiner vor uns je vermutet hat, daß es so einen illustren Ursprung hat. Dieses Buch besteht aus 77, ja sogar 78 Seiten oder Bildern, die in fünf Gruppen aufgeteilt sind und wovon jedes Bild so unterschiedliche wie auch amüsante und lehrreiche Dinge darstellt. Kurzum, dieses Buch ist das Tarotspiel, ein Spiel, das fürwahr in Paris unbekannt ist, jedoch in Italien, Deutschland und sogar in der Provence sehr bekannt ist. Dieses Spiel erscheint bizarr nicht nur wegen der Art von Figuren, die auf den Karten erscheinen, sondern auch wegen ihrer großen Anzahl.«

»Obwohl Tarot in so vielen Ländern bekannt ist, ist man in der Erforschung der Bedeutung nicht so recht weitergekommen. Und sein Ursprung liegt so weit zurück, daß er im Schatten der Zeit verlorengegangen ist, so daß wir weder gewußt haben, wo und wann es erfunden wurde, noch das Thema kannten, um das so viele außergewöhnliche Figuren aufgebaut wurden – Figuren, die fast zu verschiedenartig sind, um zusammenzugehören und die in ihrer Gesamtheit ein Rätsel darstellen, das keiner bisher zu lösen versucht hat.«

»Dieses Spiel erschien unseren Gelehrten, die den Ursprung der Karten studiert haben, jeglicher Beachtung unwürdig, daß es nie in Augenschein genommen worden ist. Sie haben noch nie von etwas anderem als von französischen Karten – oder von denen, die in Paris benützt wurden –, deren Ursprung nicht sehr weit zurückliegt, gesprochen. Und nachdem sie bewiesen hatten, daß sie eine moderne Erfindung sind, glaubten sie das Thema erschöpft zu haben. Wir verwechseln übrigens laufend jegliche Information, die wir besitzen, mit dem Land seiner ursprünglichen Erfindung. Wir haben dies schon bezüglich des Kompasses bewiesen. Sogar die Griechen und Römer haben diese Dinge durcheinandergebracht und uns somit eines großen Teils interessanter Informationen beraubt.«

Gebelin erzählt uns, daß er nur per Zufall auf die mystischen Tarotkarten gestoßen ist. »Als wir vor ein paar Jahren von einer Dame, die einige unserer Freunde kannten, die Gräfin von H., die aus Deutschland oder der Schweiz angekommen war, eingeladen wurden«, schildert Gebelin, »trafen wir sie und einige Leute bei diesem Kartenspiel an.«

> »Wir spielen ein Spiel, das sie ganz gewiß nicht kennen.«
> »Das ist gut möglich. Um welches Spiel handelt es sich?« (fragte Gebelin)
> »Das Tarotspiel.«
> »Ich hatte in jungen Jahren Gelegenheit, bei diesem Spiel zuzusehen, aber ich weiß nichts darüber.«
> »Es ist eine Rhapsodie der bizarrsten, absurdesten Figuren; hier ist eine zum Beispiel.«

Sie bemühte sich, die Karte mit den meisten Figuren zu wählen und obwohl diese keinerlei Ähnlichkeit mit diesem Namen hatte, sagte sie: »Das ist die Welt.«

»Ich warf einen Blick darauf und erkannte sofort die Allegorie dahinter. Alle legten ihre Karten nieder und kamen näher, um diese phantastische Karte zu betrachten, in der ich Dinge sah, die sie nie gesehen hatten. Jeder zeigte mir nun eine Karte und innerhalb von einer Viertelstunde hatten wir das Spiel durchgesehen, erläutert und es für ägyptisch erklärt. Und da es sich nicht um eine Erfindung unserer Phantasie handelte, sondern eher um das Ergebnis ausgesuchter und logischer Erkenntnisse dieses Spiels in Verbindung mit allem, was wir über ägyptische Ideen wußten, versprachen wir einander, dies ganz gewiß eines Tages der Öffentlichkeit preiszugeben. Wir waren überzeugt, daß man über eine Entdeckung und ein Geschenk dieser Art erfreut wäre. Ein ägyptisches Buch, das den Barbaren, den Verheerungen der Zeit, unabsichtlichen und plötzlichen Feuersbrünsten und der Ignoranz, welche noch viel vernichtender ist, entgangen ist.«

Gebelin entschloß sich, die Allegorien der Karten zu erklären und zu zeigen, daß die weisen Altägypter es verstanden hatten, ihr nützlichstes Wissen in eine spielerische Form zu bringen, nämlich, indem sie ein Spiel daraus machten. »Das Tarotspiel besteht aus 77 Karten (vielleicht sogar 78 Karten), die in Trümpfe und Sätze aufgeteilt sind. Die Trümpfe, die sich auf 22 belaufen, stellen im allgemeinen die weltlichen und spirituellen Führer der Gesellschaft, die physischen Kräfte der Landwirtschaft, die Haupttugenden, die Ehe, den Tod, die Auferstehung oder die Schöpfung, die verschiedenen Spiele des Schicksals, den Weisen und den Narren, die alles verzehrende Zeit usw. dar. Daraus können wir ersehen, daß alle diese Karten auch allegorische Bilder, die sich auf alles Leben beziehen und unbegrenzte Kombinationen ermöglichen, sind.«

Gebelin erklärte auch die allegorische Bedeutung der vier Kartenfarben: »Abgesehen von den Trümpfen besteht dieses Spiel auch aus vier Sätzen, die jeweils von einem Zeichen dargestellt werden. Sie nennen sich »Schwerter« (›épées‹, ›piques‹, ›Pik‹), »Kelche« (›cœurs‹, ›Herz‹), »Bâtons« (›trèfles‹, ›Stäbe‹, ›Kreuz‹) und »Münzen« (›carreaux‹, ›Pentakel‹, ›deniers‹, ›Geld‹, ›Karo‹). Jeder dieser Sätze besteht aus 14 Karten und zwar den von 1 bis 10 numerierten Karten und den vier Bildkarten, die wir ›König‹, ›Königin‹, ›Ritter‹ und dessen ›Stallmeister‹ oder ›Knappen‹ nennen. Gebelin schreibt die vier Sätze den vier Klassen, in die die Ägypter unterteilt waren, zu:

Das Schwert repräsentiert die Herrscher und alle hohen Militärs.

Der Stab oder die Keule des Herkules repräsentiert die Landwirtschaft.

Der Kelch repräsentiert den Priesterstand, den Klerus oder die Priesterschaft.

Die Münze (Pentakel) repräsentiert den Handel, dessen Warenzeichen das Geld ist.

Gebelin kam zu der festen Überzeugung, daß das Tarotspiel nur von den Ägyptern erfunden worden sein konnte, da es auf der Zahl Sieben basiert; da es ferner der Einteilung der Ägypter in vier Klassen entspricht; da die meisten seiner Trümpfe zweifellos mit Ägypten verbunden sind wie die beiden Haupt-Hierophanten männlichen und weiblichen Geschlechts (Die der II Die Hohepriesterin und der V Der Hierophant entsprechen), die Isis oder der Hunde-Stern (XVII Der Stern), Typhon* (XV Der Teufel), Osiris (VII Der Wagen), Das Haus Gottes (XVI Der Turm), Die Welt (XXI Die Welt) usw.; und da das Spiel vollkommen sinnbildlich war, was man nach Studium der ägyptischen Kunst und Philosophie logischerweise annehmen könnte.

Der Ursprung der Karte mit dem Titel »Die Hohepriesterin« oder »Die Päpstin« war schon immer Zielscheibe zahlreicher Vermutungen, speziell angesichts des offensichtlichen Mißfallens, den sie bei den päpstlichen Autoritäten hervorrief. Die Antwort mag darin liegen, daß die Führer der ägyptischen Geistlichkeit heiraten durften, und die Bezeichnung »La Papasse« auf den europäischen Tarotkarten des 16. Jahrhunderts lediglich eine dürftige Übersetzung aus alten Zeiten war.

Gebelin verfolgte den Weg des Tarot nach Europa. »Während der ersten Jahrhunderte der Kirche hatten die Ägypter sehr engen Kontakt mit Rom und gaben den Römern ihre Zeremonien und den Isis-Kult und damit das ihn betreffende Spiel. Dieses Spiel war interessanterweise nur in Italien bekannt, bis sich Italien mit Deutschland (dem Heiligen Römischen Reich) vereinigte. So erfuhr diese Nation davon. Als sich die Herzogtümer der Provence mit Italien – durch den Aufenthalt des römischen Hofs in Avignon –, vereinigten, wurde das Spiel in der Provence und Avignon eingeführt.«

»Wenn es nicht bis Paris vordrang«, sagt Gebelin, »so müssen wir diese Tatsache sowohl der Merkwürdigkeit seiner Figuren zuschreiben als auch dem Umfang der Karten, der kaum die lebenslustigen Damen ansprechen konnte. Es wurde

---

* Ungeheuer der griechischen Mythologie, das nach langem Kampf von Zeus besiegt und auf das der Ätna geschleudert wird.

50

Gebelin Tarotkarten Sechs der Großen Arkana, die Court de Gebelins 1781 veröffentlichtem berühmten Werk »Du Jeu des Tarots« beilagen. Abgebildet sind: XVII »L'Etoille« – Der Stern, XVIII »La Lune« – Der Mond, XVIII »Le Soleil« – Die Sonne, XX »Le Jugement«, XXI »Le Monde« – Die Welt und »Le Mat« – Der Narr. Zu beachten ist die große Ähnlichkeit zwischen diesen Karten und den korrespondierenden Karten des »Klassischen Tarot-Spiels«.

Zeit, die Größe des Spiels stark zu reduzieren, um es besser unterbringen zu können. Ägypten zog zu dieser Zeit keinen Nutzen mehr aus seiner Erfindung. Es herrschte dort jämmerlichste Sklaverei, und es war kein Gedanke an die Pflege der Künste möglich, so daß seine Bewohner große Mühe hatten, auch nur eine einzige Karte dieses Spiels herzustellen.«

»Wenn unsere französischen Karten, die um ein vieles unkomplizierter sind, schon die Dauerarbeit vieler Hände und das Zusammenwirken mehrerer Kunstarten erfordern, wie könnte man von diesem unglückseligen Volk erwarten, daß es die Herstellung seiner Karten aufrechterhalten könnte. Die Übel, die eine versklavte Nation befallen, sind derart weitreichend, daß sie sogar ihre eigenen Formen von Vergnügungen verliert. Da sie jedoch nicht einmal im Stande war, ihre kostbarsten Errungenschaften zu erhalten, mit welchem Recht könnte sie einen Anspruch erheben auf etwas, das nur ein angenehmer Zeitvertreib war?«

Als weiterer Beweis der orientalischen Herkunft des Tarots zitiert Gebelin die orientalischen Bezeichnungen »Tarot«, »Mat« und »Pagad«. Wie schon vorher erwähnt, ist das Wort »Taro« rein ägyptisch und bedeutet »der königliche Weg des Lebens«. Es bezieht sich in der Tat auf das gesamte Leben der Bürger, da das Tarot aus verschiedenen Klassen besteht, in die das Volk eingeteilt wird. Und dieses Spiel begleitet die Menschen von der Geburt bis zum Tod, wobei es ihnen alle Tugenden und alle weltlichen und geistigen Führer, an die sie sich halten sollen, wie z.B. den König, die Königin, die Religionsführer, die Sonne, den Mond usw. zeigt. Es klärt sie gleichzeitig durch den »Magier« und »Das Rad des Schicksals« darüber auf, daß nichts in dieser Welt vergänglicher ist als die verschiedenen Daseins-Zustände des Menschen. Es lehrt sie, daß ihre einzige Zuflucht in der Tugend liegt, an der es nie mangelt, wenn sie vonnöten ist.

»Mat«, die gemeine Bezeichnung für Narr, die heute noch in Italien existiert, stammt vom orientalischen »mat«, was sinnlos, abgenützt und zersprungen bedeutet. Narren wurden schon immer als »hirn-rissig« dargestellt. »Pagad« nennt man den Magier im Laufe des Spiels. Dieses Wort, das keinem Wort unserer westlichen Sprache ähnelt, ist tatsächlich ein orientalisches Wort und noch dazu ein sehr gut gewähltes. »Pag« bedeutet im Orient Führer, Meister, Gott und »gad« bedeutet Schicksal. Der Magier wird in der Tat auch so dargestellt, als ob er mit seinem Jakobs-Stab oder Zauberstab über das Schicksal verfügen könnte.

Gebelin enthüllte somit das Geheimnis der Tarotkarten, und beinahe zwei Jahrhunderte lang haben seine Anhänger und Bewunderer seine Theorien eifrig erläutert und weiterentwickelt.

Etteilla

Einer der eifrigen Anhänger Gebelins war ein Mann, der Gebelins Ideen weiter förderte, um Ruhm und Reichtum zu ernten.

Alliette, von dem es einmal heißt, daß er Perückenmacher und ein andermal, daß er Algebra-Professor gewesen war, war ein schlauer Opportunist mit großer Phantasie. Er drehte die Anordnung der Buchstaben seines Namens um, um ihm einen ungewöhnlicheren Klang zu geben und vertiefte sich als »Etteilla« in die Theorie der Zahlen nach dem System des Pythagoras, dem griechischen Philosophen des 6. Jahrhunderts v. Chr., der eine Theorie der Beschreibung der Realität in Form von mathematischen Verbindungen ausführlich dargelegt hatte.

Etteilla veröffentlichte viele Schriften seiner Entdeckungen einschließlich seines berühmten Werkes »Manière de se Recréer avec le Jeu de Cartes nommées Tarot« im Jahre 1783. »Wir dürfen sehr wohl darüber erstaunt sein«, schrieb Etteilla, »daß die Zeit, die zerstört, und die Ignoranz, die alles verändert, es erlaubt haben sollten, daß ein Werk, das im 1828. Jahr der Schöpfung, 171 Jahre nach der Sintflut und vor 3953 Jahren verfaßt wurde, bis in unsere heutige Zeit überleben durfte. Dieses Werk wurde von 17 Weisen, einschließlich dem zweiten Nachkommen des Merkur, Athotis, welcher der Enkel des Cham und der Urenkel von Noah war, geschaffen; dieser Tri-Merkur (oder Dritte jenes Namens) machte das Buch Thoth in Übereinstimmung mit der Wissenschaft und der Weisheit seiner Vorfahren verfügbar.«

Etteilla verstand es, die Phantasie und den Geist der Bevölkerung seiner Zeit zu fesseln. Er paßte das Tarotspiel seinem eigenen System an und förderte die Kartenlegekunst, soweit es in seiner Kraft stand. Er versuchte so präzise und wissenschaftlich zu sein, wie es ihm seine Phantasie erlaubte.

Der Perückenmacher Alliette wurde auf diese Weise der Hohepriester der Religion, Etteilla, der große Wahrsager, »le Célèbre Etteilla«. Er ließ sich im Hotel de Crillon in der Rue de la Verrerie in Paris nieder, und die Zahl seiner Anhängerschaft

◁ *Grand Etteilla-Tarotkarten* Statt der Nr. 1 nimmt Der Narr in dem »Großen-Etteilla-Spiel« den Platz der letzten Karte, der Nr. 78, ein. Die Etteilla-Entwürfe weichen von den klassischen symbolischen Bildern auf den meisten anderen Tarotspielen ab. Die Zeichnungen auf den sinnbildlichen Karten stellen meist Figuren in voller Größe dar. Die Titel sind von beiden Richtungen lesbar, ihre Bedeutung ist jedoch anders, wenn sie verkehrt herum gezogen werden. Die abgebildeten Karten und ihre korrespondierenden Tarot-Gegenstücke sind: 5 Reise oder Erde – Die Welt; Etteilla oder weibliche Beraterin – kein Gegenstück im Tarot; 17 Tod oder Nichts – Tod; 38 Ankunft oder Unehrlichkeit – Ritter der Kelche; 50 Mann des Gesetzes oder Übeltäter – König der Schwerter; 78 Wahnsinn oder Verrücktheit – Der Narr. Die Karten werden von B. P. Grimaud auf schwerem Karton lithographiert und sind ca. 6,7 × 12,5 cm groß. Die Karten sind rechteckig und die Rückseiten tragen ein blaues Karomuster.

übersteigt alle Vorstellungen. In den gefahrvollen Tagen des Jahres 1789 sagte er das Schicksal vieler Franzosen voraus, die den Ereignissen der Zeit zum Opfer fallen sollten.

Die Tarotkarten des Etteilla, bekannt als »Die Großen Etteilla-Karten«, sind ein Satz sinnbildlicher Karten, die auf den Entwürfen der typischen Tarotkarten basieren und von einer Reihe Zahlen begleitet werden, die mit der Nr. 1, »Etteilla questionnant« beginnen und mit der Nr. 78, »Folie«, enden, wobei das gesamte Spiel anzahlmäßig den früheren venezianischen Tarotreihen von 78 Stück entspricht. Die Sätze der Zahlenkarten sind »batons«, »coupes«, »épés« und »deniers«. Die Zeichnungen auf den sinnbildlichen Karten stellen Figuren in voller Größe dar. Die Hofkarten zeigen Figuren in voller Größe, die das Symbol ihres Satzes in der Hand halten. Einige der Karten tragen auch astronomische und astrologische Zeichen. Oberhalb und unterhalb jeder Zeichnung steht ein Titel, und jede Karte trägt eine Zahl in der oberen linken Ecke. Die Asse zeigen immer einen Arm bzw. eine Hand, die das Zeichen des Satzes trägt.

Obwohl die Etteilla-Entwürfe von den üblichen Tarotsymbolen beträchtlich abweichen, werden die nachfolgenden Vergleiche die Ähnlichkeit zwischen bestimmten Karten anzeigen:

Etteilla-Karte		Korrespondierendes Tarotsymbol		
Nr.	Titel	Nr.	Französisch	Deutsch
1	*Questionnant*	19	Le Soleil	Die Sonne
2	*Feu*			
3	*Eau*	18	La Lune	Der Mond
4	*Air*	17	L'Etoile	Der Stern
5	*Terre*	21	Le Monde	Die Welt
6	*Jour*			
7	*Protection*	?	?	?
8	*Questionnante*			
9	*Justice*	8	La Justice	Gerechtigkeit
10	*La Tempérance*	14	La Tempérance	Mäßigkeit
11	*La Force*	11	La Force	Kraft
12	*La Prudence*	12?	Le Pendu	Der Gehängte
13	*Mariage*	6	L'Amoureux	Die Liebenden
14	*Force Majeure*	15	Le Diable	Der Teufel
15	*Maladie*	1	Le Bateleur	Der Magier
16	*Jugement*	20	Le Jugement	Das Gericht
17	*Mortalité*	13	La Mort	Der Tod
18	*Traîte*	9	L'Ermite	Der Eremit
19	*Misère*	16	La Maison de Dieu	Der Turm
20	*Fortune*	10	La Roue de la Fortune	Das Rad des Schicksals
21	*Dissension*	7	Le Chariot	Der Wagen

Diesem Satz Karten, der von Etteilla zum Zwecke der Weissagung entworfen und zusammengestellt worden ist, lag ein Buch mit Erklärungen und Anleitungen bei, mit dem Titel »Manière de Tirer. Le Grand Etteilla où Tarots Egyptiens«. In »Notions Préliminaires«, mit welchem das Buch anfängt, wird behauptet, daß »L'art de tirer les tarots« eine Wissenschaft sei, die Spaß macht, und von erregendem Interesse, doch würden die

Ergebnisse je nach Grad des Glaubens derer, die sich auf die Karten berufen, ernst oder erheiternd, wunderbar oder unbedeutend ausfallen. Es ist eine Beschäftigung, die speziell das Vertrauen der Amateure verdient – besonders das der weiblichen, die eine besondere Vorliebe für Geheimnisse haben.«

Heutzutage sind authentische Reproduktionen der Original-Etteilla-Karten in wunderbaren Farben erhältlich.

Eliphas Levi

Während Gebelin und Etteilla sich ernsthaft bemühten, die ägyptische Herkunft der Tarotkarten zu beweisen, glaubte Eliphas Levi, daß die Tarotkarten ein heiliges und okkultes Alphabet seien, das seitens der Hebräer dem ältesten Sohne Kains, Enoch, zugeschrieben wird, seitens der Ägypter dem Hermes Trismegistus, dem ägyptischen Gott Thoth, und seitens der Griechen dem Cadmus, der die Stadt Theben gründete.

Eliphas Levi war ein Philosoph und ein tiefgründiger Symboliker. Sein wahrer Name war Alphonse Louis Constant, und er war ein Abt der Römischen Kirche. Für seine philosophischen und okkulten Schriften übersetzte er jedoch seinen Namen ins Hebräische, nämlich Eliphas Levi Zahed, und wurde als Eliphas Levi bekannt.

Levi fand eine Synthese von Wissenschaft und dem universellen Schlüssel zur Kabbala im Tarot. In seinem berühmten Werk »Dogme et Rituel de la Haute Magie« (»Transzendentale Magie«) schreibt er: »Der Tarot, dieses wunderbare Buch, die Quelle der Inspiration aller heiligen Bücher der alten Völker der Antike, ist das vollkommenste Instrument zur Wahrsagung, das mit vollstem Vertrauen angewandt werden kann dank seiner analogen Genauigkeit von Figuren und Zahlen. Die Orakel dieses Buches sind tatsächlich immer bis ins Detail wahr, und selbst wenn es nichts voraussagt, so enthüllt es immer etwas, das versteckt war und gibt demjenigen, der es befragt, den weisesten Rat.«

Levi erkannte, daß der kabbalistische Baum des Lebens 22 Wege enthält, durch welche die Sephiroth oder »Die Numerationen« miteinander verbunden sind. Spätere Interpretationen der Kabbala sahen eine Verbindung dieser Wege mit den 22 Buchstaben des hebräischen Alphabets. Levi verkündete, daß die 22 Karten der Großen Arkana von rechts wegen jeweils einer Karte des hebräischen Alphabets zugeordnet sein sollten, um auf diese Weise eine vollkommene Einheit zwischen den Buchstaben, Karten und Wegen herzustellen.

Levi war von den Tarot-Bedeutungen, die er wahrnahm, gefesselt. Er sagte: »Als weises kabbalistisches Buch, dessen Kombinationen die zwischen Zeichen, Buchstaben und Zahlen bestehende Harmonie enthüllen, ist der praktische Wert des Tarot wahrlich einzigartig. Hätte ein Gefangener keine Bücher außer dem Tarot, dessen Anwendung er verstünde, könnte er sich in einigen Jahren ein universelles Wissen aneignen und sich in unvergleichlicher Gelehrtheit mit unerschöpflicher Beredsamkeit unterhalten.«

Sein Buch »Dogme et Rituel de la Haute Magie« ist in zwei Teile aufgeteilt, nämlich in »dogme« & »rituel«, d.h. Theorie und Praxis. Jeder Teil besteht aus 22 Kapiteln, jeweils einem für jeden der 22 Trümpfe, und jedes Kapitel behandelt das Thema, das durch das Bild auf der Trumpfkarte dargestellt wird. Die Bezifferung der Kapitel im Zusammenhang mit den Karten ist jedoch falsch. Einige Gelehrte des Okkulten glauben, daß Levi sich durch seinen ursprünglichen Eid der Geheimhaltung gegenüber dem Orden der Eingeweihten, der ihm die Geheimnisse des Tarot offenbart hat, gebunden fühlte und die Reihenfolge aus diesem Grunde absichtlich durcheinander gebracht hat. Andere Gelehrte wiederum sehen diesen Standpunkt mit Recht als Ausrede statt einer zufriedenstellenden Erklärung an.

Der Schlüssel zu Levis Offenbarung »ist in einem Wort enthalten, in einem Wort mit 4 Buchstaben: es ist das Tetragramma der Hebräer, das Azot der Alchemisten, das Thot der Böhmen oder Zigeuner und das Taro der Kabbalisten. Dieses auf so verschiedene Arten ausgedrückte Wort steht für ›Gott‹ und bedeutet für den Philosophen ›Mensch‹ und stellt für den Adepten das letzte Wort menschlicher Wissenschaften und den Schlüssel zur göttlichen Macht dar. Aber nur derjenige weiß es anzuwenden, der die Notwendigkeit, es nie preiszugeben, versteht.«

»Als die Höchste Priesterschaft in Israel ein Ende nahm, als alle Orakel der Welt in Gegenwart des ›Wortes‹, das zum ›Menschen‹ wurde, schweigsam wurden, und – um in der Sprache der großen Weisen zu sprechen – als die Arche verlorenging, das Allerheiligste entweiht und der Tempel zerstört wurde, wurden die Geheimnisse des Ephod und Theraphim nicht mehr auf Gold und Edelsteinen festgehalten, sondern von bestimmten weisen Kabbalisten zuerst auf Elfenbein oder Pergament oder auf vergoldetes oder versilbertes Leder und später dann auf einfache Karten geschrieben, oder besser gesagt, figürlich dargestellt. Diese Karten waren der ›offiziellen Kirche‹ als Träger eines gefährlichen Schlüssels zu ihren Geheimnissen schon immer suspekt gewesen. Von diesen Karten stammen jene Tarotspiele, deren hohes Alter dem gelehrten Court de Gebelin durch die Wissenschaften der Hieroglyphen und der Zahlen offenbart wurde und die später den skeptischen Scharfsinn des Etteilla so sehr herausforderten und ihn zu unermüdlichen Nachforschungen antrieben.«

Papus

Gérard Encausse (1865–1917), ein gebildeter französischer Physiker, der unter dem Namen Papus schrieb, leistete einen großen Beitrag zur okkulten Seite des Tarot und zur Zuordnung der 22 Großen Arkana zu den 22 Buchstaben des hebräischen Alphabets.
Papus, Gründer und Führer des spirituellen und freimaurerischen Ordens der Martinisten sowie Mitglied des »Kabbalistischen Ordens der Rosenkreuzer«, war der Ansicht, daß das vorherrschende Charakteristikum der Lehrweise im alten Indien und im alten Ägypten die Synthese war, die das gesamte angeeignete Wissen in einige einfache Gesetze zusammenfaßte. In der Alten Welt wurde Wissen nur jenen Menschen übermittelt, deren Würdigkeit und Vertrauen durch eine Reihe von Prüfungen bewiesen worden war. Diese Einweihung fand in den Mysterien-Tempeln statt, und der Adept nahm den Titel des Priesters oder Eingeweihten an. Dies war eine geheime und okkulte Wissenschaft, und von jenen esoterischen Praktiken

M. Le D'Encausse (Papus)

haben wir den Namen »Okkulte Wissenschaft« abgeleitet.
Allerdings nahte die Zeit, in der die Eingeweihten darum
bangten, daß ihr Wissen für die Menschheit verlorengehen
könnte und, laut Papus, machten sie große Anstrengungen,
damit das Gesetz der Synthese nicht in Vergessenheit geraten
möge, indem sie dieses Wissen auf drei Arten weitergaben, und
zwar durch:

1) Geheime Gesellschaften. Diese Organisationen sollten als direkte Fortsetzung der Mysterien fungieren.
2) »Den Kultus«. Dies war ein religiöser Kult, der den
   Versuch machte, die eine bestehende Religion für
   verschiedene Völker in der ihnen jeweils eigenen,
   von der Mentalität abhängigen Sprache verständlich
   zu machen.

Das Rota-Rad

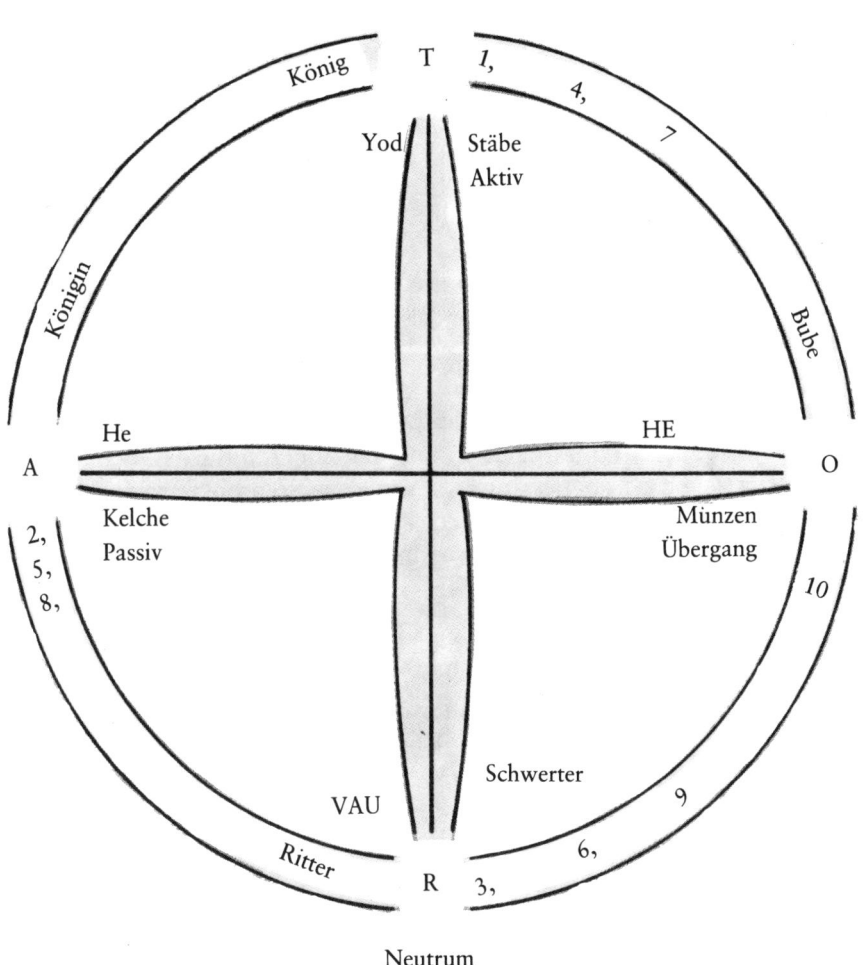

3) Das Volk. Letztlich glaubte man, daß die Menschen die besondere Weisheit und das Wissen, das bisher nur den Eingeweihten bekannt war, von Generation zu Generation über Jahrhunderte hinweg weitergeben würden. Diese mündliche Überlieferung wird »Kabbala« genannt, nach dem hebräischen Wort, das »das was erhalten wird, das was von woanders her kommt, das was von Hand zu Hand weitergegeben wird«, bedeutet.

Papus begründete seine okkulte Philosophie auf eine Form der Kabbala, die ein mystisches System von Zahlen und ihre Verbindung mit Namen und Buchstaben anwendete. Die Basis seiner Philosophie liegt in der theosophischen Lehre des »Göttlichen Namens« *Yod, He, Vau, He = Jeve = Jehova*. Dies ist als Tetragrammaton bekannt, wobei das *Yod*, welches die Form eines Kommas oder Punktes hat, das Prinzip oder den Ursprung aller Dinge herstellt und alle anderen Buchstaben des hebräischen Alphabets sich aus diesem Symbol entwickeln. Das *Yod* ist auch das Symbol des »Egos« und des Einheitsprinzips. Im Tarot entspricht es dem Satz der Stäbe oder Zepter und dem König der Hofkarten.

Das *He*, der zweite Buchstabe, setzt das Passive in Beziehung zum *Yod*, welches das Aktive symbolisiert oder das Non-Ego in Bezug zum Ego. *He* bedeutet somit die Substanz im Gegensatz zur Essenz. Im Tarot entspricht es dem Satz der Kelche und der Königin der Hofkarten. Das *Vau*, der dritte Buchstabe, stellt die Verbindung oder die Affinität, die zwischen den ersten beiden Buchstaben besteht, dar und ergänzt die Grundidee der Dreieinigkeit. Es vereinigt das Aktive mit dem Passiven. Es entspricht dem Satz der Schwerter und dem Ritter der Hofkarten.

Das zweite *He* kennzeichnet das Passieren oder den Übergang von einer Welt in die andere. Es repräsentiert das vollkommene Sein, das in der absoluten Einheit die drei Buchstaben, aus denen es sich zusammensetzt, nämlich Ego, Non-Ego und Affinität, in sich trägt. Es entspricht dem Satz Münzen und dem Knappen der Hofkarten.

Während der gesamte Tarot auf dem Wort *Rota,* das radförmig angeordnet ist, basiert, können auch *Yod, He, Vau, He,* in derselben Zeichnung – wie abgebildet –, dargestellt werden. Papus weitete sein Gesetz der Zahlen auf jede der 22 Karten der Großen Arkana und der 40 Zahlkarten aus.

Die Konzepte und die Anwendung der Schlüssel und Diagramme des Papus werden in seinem berühmten Werk »The Tarot of the Bohemians. Absolute Key to Occult Science« (Der Tarot der Zigeuner. Der Absolute Schlüssel zur Okkulten Wissenschaft) dargelegt.

Die Kabbala

Nach der Kabbala, einem System der religiösen Philosophie, das sich mit dem mystischen Erfassen Gottes befaßt, wurde die Schöpfung durch Emanation (Hervorgehen aus dem göttlichen Einen) und Thaumatologie (Wunder) vollbracht. Die Theosophie der Kabbala ähnelt in ihren Grundzügen dem Pantheismus, der Lehre, die Gott mit den Kräften und Gesetzen des Universums gleichsetzt. Christian D. Ginsburg schreibt in seinem 1863 veröffentlichten Werk »The Kabbalah, its Doctrines, Developments and Literature«, daß die Kabbala erstmals von Gott selbst einer Gruppe auserwählter Engel, die eine theosophische Schule im Paradies bildeten, gelehrt wurde. Die Engel überbrachten diese himmlische Doktrin schließlich den ungezogenen Kindern der Erde, um den Protoplasten (den erstgeschaffenen Menschen) die Mittel zu geben, ihren ursprünglichen hohen Rang und ihre Glückseligkeit zurückzuerlangen.

Diese Doktrin ging von Adam auf Noah über und dann auf Abraham, den Freund Gottes, der damit nach Ägypten emigrierte, wo der Patriarch die Erlaubnis erteilte, einen Teil dieser mystischen Doktrin den Ägyptern und anderen Völkern zu offenbaren.

Eine andere Version behauptet, die Kabbala sei direkt von Gott an Moses während seines 40tägigen Aufenthalts auf dem Berg Sinai gegeben worden, und Moses sei dank dieses rätselhaften Wissens im Stande gewesen, die zahlreichen Schwierigkeiten zu bewältigen, die auf ihn zukamen, während er die Israeliten führte. Moses weihte die 70 Ältesten in die Geheimnisse der Lehre ein, und sie gaben ´sie wiederum mündlich weiter. Moses legte auch die Grundlagen dieser geheimen Lehre in den ersten vier Büchern des Pentateuchs (Genesis, Exodus, Leviticus und Zahlen) auf verschlüsselte Weise nieder, ohne sie jedoch im letzten Buch Deuteronomie preiszugeben.

Die Kabbala wird ferner als »Geheime Weisheit« bezeichnet, da sie von den Eingeweihten überliefert und in den hebräischen Schriften durch Zeichen übermittelt wurde, die für diejenigen, die nicht in die Mysterien eingeweiht waren, unverständlich bleiben mußte.

Es gibt zwei Bücher, die die Lehre der Kabbala darstellen; das erste und älteste Buch, »Sefer Yezir«, ist von Nutzen, um die im zweiten Buch, dem »Sohar«, einzeln aufgeführten Lehren zu verstehen. Der Sohar erläutert das Konzept der »32 Wege der geheimen Weisheit« und die Anordnung des Lebenbaumes.

100 n. Chr. erschien ein esoterisches Buch namens »Sefer Yezira« (auch »Sepher Yetzira« oder »Sepher Jetzira«) in Babylonien. Dieses »Buch der Schöpfung« oder »Buch der Erschaffung« trachtete danach, ein System darzulegen, wonach das Universum in Verbindung mit den in der Bibel wiedergegebenen Wahrheiten angesehen werden konnte, und so versuchte man anhand der allmählichen, systematischen Entwicklung der Schöpfung aufzuzeigen, daß EIN GOTT alles erschuf und ER über allem steht. Die 22 Buchstaben des hebräischen Alphabets wurden sowohl ihrer phonetischen Bedeutung als auch ihrem heiligen Charakter entsprechend verwandt, der die göttlichen Wahrheiten der Schriften bekundet. Da die Buchstaben des hebräischen Alphabets jedoch auch als Ziffern, die von den »Zehn Grundlagen« repräsentiert werden, benützt werden, wurde diese Zehnergruppe den 22 Buchstaben des Alphabets hinzugefügt und die Gesamtsumme der 32 Zahlen wurde als die »32 Wege der Geheimen Weisheit« bezeichnet. Die »Zehn Grundlagen«, die in eine Tetrade und eine Hexade aufgeteilt sind, wurden als die allmähliche Entwicklung der Welt aus dem Nichts dargestellt. Am Anfang war nichts als der Heilige Geist, der an der Spitze aller Dinge war und durch die Zahl

»Zehn Grundlagen«

65

Eins der Tetrade dargestellt wird. Später entwickelte sich das gesamte Universum in stufenweisen, aufeinanderfolgenden Emanationen; die Luft, die Nr. 2, strömte aus dem Geist; das Wasser, die Nr. 3, strömte aus der Luft hervor; und der Äther oder das Feuer, die Nr. 4, emanierte aus dem Wasser. Jede Einheit der Hexade stellte den Raum in sechs Richtungen dar, und zwar in die vier Himmelsrichtungen (Osten, Westen, Norden und Süden) und die Höhe und Tiefe, die voneinander ausströmten. Im Zentrum dieser Manifestationen befindet sich »das Allerheiligste«, das das Ganze stützt.

Auf die Urzahl 10, aus welcher das gesamte Universum hervorging, folgten die 22 Buchstaben, mittels welcher Gott, nachdem er sie geformt, gehauen und gewogen und sie verschiedentlich abgeändert und zusammengestellt hatte, die Seelen von allem schuf, das erschaffen wurde und das noch erschaffen werden soll.

Die 22 Buchstaben des hebräischen Alphabets wurden dann in drei Gruppen unterteilt: 1) die drei Mütter oder fundamentalen Buchstaben; 2) sieben Doppelbuchstaben; 3) zwölf einfache Konsonanten, woraus die Dreieinigkeit von Elementen, eine Siebenheit von Gegensätzen und eine Zwölferschaft von »Dingen-an-sich« entstand, wie in nachstehender Tabelle veranschaulicht wird:

Zweiundzwanzig Buchstaben des hebräischen Alphabets

Drei Mütter	Sieben Doppel-buchstaben	Zwölf einfache Buchstaben
FUNDAMENTALE BUCHSTABEN	KONSONANTEN	KONSONANTEN
Aleph	Beth	Vau
Men	Gimel	Cheth
Shin	Daleth	Heh
	Kaph	Zain
	Peh	Teth
	Resh	Lamed
	Tau	Yod
		Nun
		Ayin
		Samech
		Tzaddi
		Qoph

Der Ursprung des gerühmten kabbalistischen Werkes Sohar liegt im dunkeln. Eine Geschichte berichtet von Simon Ben Jochai (70–110 n. Chr.), der zur Zeit der Zerstörung des zweiten Tempels lebte. Von Titus zum Tode verurteilt, flüchtete er mit seinem Sohn und verbarg sich in einer Höhle, in der er zwölf Jahre verbrachte. In dieser unterirdischen Behausung beschäftigte er sich ausschließlich mit dem Nachsinnen über die vollendete Kabbala. Hierbei geholfen haben soll ihm der Prophet Elias, der ihn ständig besuchte und dem theosophischen Rabbi einige Geheimnisse enthüllte, die ihm verborgen geblieben waren. Sein Sohn, R. Eliezer und sein Sekretär, R. Abba, sowie seine Schüler trugen später Rabbi Simon Ben Jochais Abhandlung zusammen und verfaßten daraus den berühmten Sohar, auch »Buch der Herrlichkeit« oder »Buch des Glanzes« genannt, das die große Schatzkammer des Kabbalismus ist.

Die Kabbala, wie sie im Sohar dargelegt wird, beschreibt Gott als den »Ain Soph« oder den »Unendlichen« oder »Grenzenlosen«. Gott kann in seiner Grenzenlosigkeit weder vom Intellekt erfaßt noch in Worten beschrieben werden, da es nichts gibt, das ihn voll und ganz erfassen und schildern kann. Folglich, um seine Existenz wahrnehmbar und sein Wesen greifbar zu machen, besteht das Medium, durch welches der Ain Soph interpretiert wird, aus den 10 Sephiroth oder Intelligenzen, die aus dem Grenzenlosen ausströmen. Der erste Sephirah wird die »Krone« genannt. Die restlichen Sephiroth sind 2) Weisheit, 3) Intelligenz, 4) Güte, 5) Kraft, 6) Schönheit, 7) Stärke, 8) Herrlichkeit, 9) Schöpfung und 10) Königreich. In bezug auf die Sephiroth empfiehlt Christian Ginsburg, sich vier Dinge zu merken, und zwar: 1) die Sephiroth wurden nicht erschaffen, sondern emanierten aus dem Ain Soph, wobei der Unterschied zwischen Schöpfung und Emanation der ist, daß bei ersterer eine Verringerung der Kraft stattfindet, während bei letzterem dies nicht der Fall ist; 2) die Sephiroth bilden untereinander und mit dem Ain Soph eine absolute Einheit, wobei sie einfach verschiedene Aspekte ein und desselben Wesens sowie verschiedene Manifestationen ein und desselben Lichts repräsentieren; 3) da die Sephiroth sich genauso voneinander unterscheiden wie die verschiedenen Farben, die das Sonnenlicht enthält, haben alle 10 Emanationen ohne Unterschied Anteil an den Vollkommenheiten des Ain Soph; und 4) als Emanationen des »Unendlichen« sind die Sephiroth gleich dem Ain Soph unendlich und vollkommen, und trotzdem stellen sie die ersten endlichen, begrenzten Dinge dar. Sie sind unendlich und vollkommen, wenn der Ain Soph ihnen seine Ganzheit verleiht und endlich und unvollkommen, wenn ihnen die Ganzheit entzogen wird.

Die Sephiroth, die die erste Triade bilden, repräsentieren den Intellekt. Deswegen wird diese Triade die «Intellektuelle Welt« genannt. Die zweite Triade repräsentiert moralische Qualitäten und wird als »Moralische oder Sinnliche Welt« bezeichnet. Die dritte Triade repräsentiert Macht und Stabilität und wird die »Materielle Welt« genannt. Diese drei Aspekte, in denen sich der Ain Soph manifestiert, werden »Gesichter« genannt. Die Anordnung dieser Dreiheit von Triaden bildet den sogenannten »Kabbalistischen Baum« oder den »Baum des Lebens«.

Die erste Triade umfaßt die »Krone«, den Kopf; »Weisheit«, das Gehirn; und »Intelligenz«, das Wissen, und steht an der Spitze des Diagramms, was das Herz oder die Einsicht repräsentiert. Die zweite Triade umfaßt die zwei Sephiroth »Güte« und »Kraft«, die von den beiden Armen des Herrn dargestellt werden, wobei der eine Arm das Leben gibt und der andere den Tod, sowie die sechste Sephirah der »Schönheit«, die die beiden gegensätzlichen Sephiroth der »Güte« und der »Kraft« vereint. Die dritte Triade besteht aus den beiden Sephiroth der »Stärke« und der »Herrlichkeit«, die als die beiden Beine des Herrn bezeichnet werden, und der neunten Sephirah, »Schöpfung«, die die Harmonie des ganzheitlichen ursprünglichen Menschen darstellt.

Drei männliche Sephiroth befinden sich rechts, drei weibliche links, und die vier vereinenden Sephiroth befinden sich im Zentrum. Die drei Sephiroth zur Rechten verkörpern das Prinzip der Barmherzigkeit und werden die »Säule der Barmherzigkeit« genannt. Die drei zur Linken verkörpern das Prinzip der Strenge und werden die »Säule des Urteils« genannt. Die vier Sephiroth im Zentrum verkörpern die Sanftmut und werden die »Säule der Milde« genannt.

Alle Aspekte des »Lebensbaums« werden als Wege bezeichnet. Jede Sephirah hat sowohl einen Namen als auch eine Zahl. Die 10 Sephiroth repräsentieren die Wege 1 bis 10. Die 22 Verbindungen zwischen den 10 Sephiroth sind die »wahren« Wege und sind von 11 bis 32 numeriert. Diese 22 Wege stimmen mit den 22 Karten der Großen Arkana des Tarotspiels überein. Die 16 Hofkarten des Tarotspiels korrespondieren mit den 4 Ebenen, die als die »vier Welten« bekannt sind. Die 40 kleinen Karten des Tarotspiels, zehn Karten in jedem der vier Sätze, beziehen sich auf jedes der zehn Sephiroth entsprechend der Übereinstimmung der Zahlen.

Auf diese Weise entspricht der »Baum des Lebens«, der von den Kabbalisten als die Manifestation Gottes dargestellt wird, die in den 10 Sephiroth und den 22 verbindenden Wegen Ausdruck findet, den 22 Karten der Großen Arkana des Tarotspiels. Die 22 Pfade des Lebensbaums werden in numerischer

Reihenfolge in nachstehendem Diagramm gezeigt und zwar zusammen mit den korrespondierenden Sephiroth, den Buchstaben des hebräischen Alphabets, den Tarot-Symbolen und einer Beschreibung des Wesens der 22 Wege, wie sie von den 22 sinnbildlichen Tarotkarten dargestellt werden.

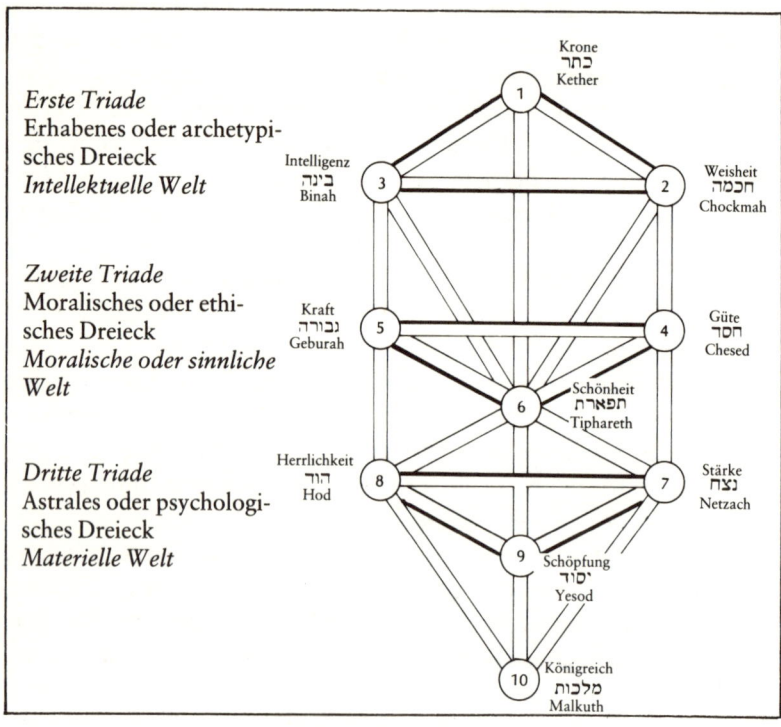

Die drei Triaden

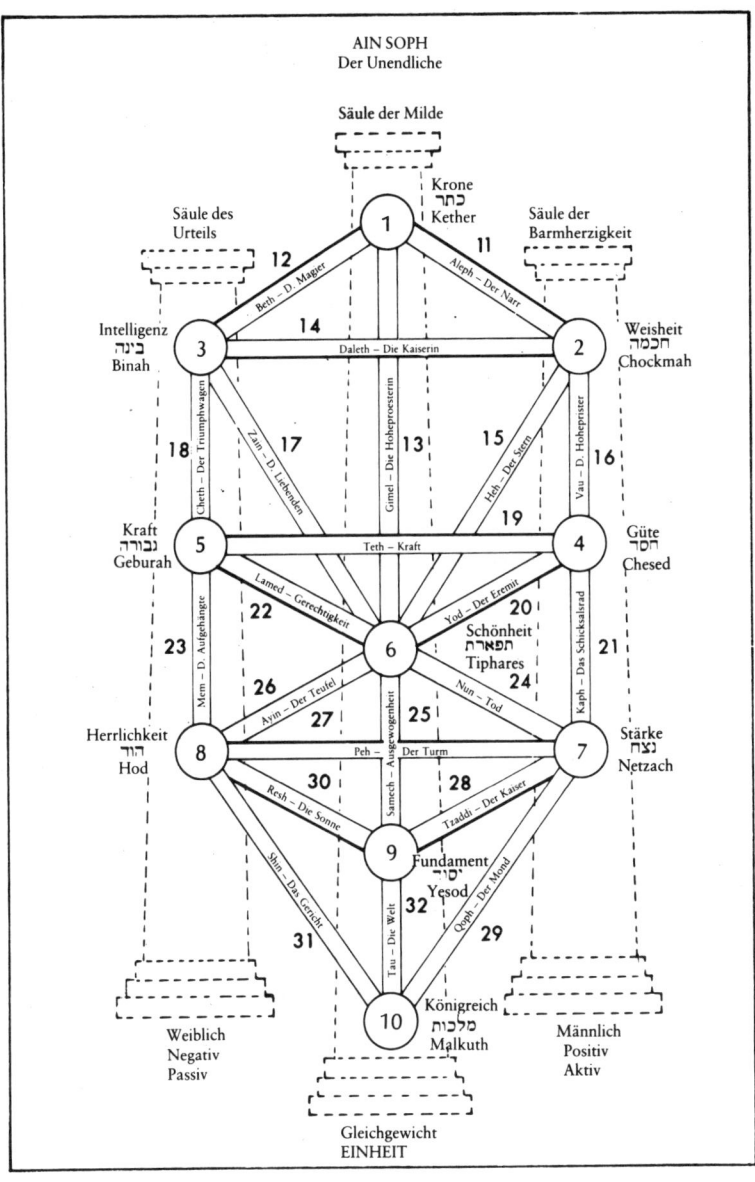

Der Baum des Lebens

WEG	SEPHIROTH	HEBRÄISCHER BUCHSTABE		TAROTSYMBOL
11	Chockmah (2) – Kether (1)	Aleph	Ochse	Der Narr
12	Binah (3) – Kether (1)	Beth	Haus	I Der Magier
13	Tiphareth (6) – Kether (1)	Gimel	Kamel	II Die Hohepriesterin
14	Binah (3) – Chockmah (2)	Daleth	Tür	III Die Herrscherin
15	Tiphareth (6) – Chockmah (2)	Heh	Fenster	XVII Der Stern
16	Chesed (4) – Chockmah (2)	Vau	Nagel	V Der Hierophant
17	Tiphareth (6) – Binah (3)	Zain	Schwert	VI Die Liebenden
18	Geburah (5) – Binah (3)	Chet	Zaun	VII Der Wagen
19	Geburah (5) – Chesed (4)	Teth	Schlange	XI Kraft
20	Tiphareth (6) – Chesed (4)	Yod	Hand	VIIII Der Eremit
21	Netzach (7) – Chesed (4)	Kaph	Handfläche	X Das Rad des Schicksals
22	Tiphareth (6) – Geburah (5)	Lamed	Stachelstock	VIII Gerechtigkeit
23	Hod (8) – Geburah (5)	Mem	Wasser	XII Der Gehängte
24	Netzach (7) – Tiphareth (6)	Nun	Fisch	XIII Tod
25	Yesod (9) – Tiphareth (6)	Samech	Stütze	XIIII Mäßigkeit
26	Hod (8) – Tiphareth (6)	Ayin	Auge	XV Der Teufel

WEG	SEPHIROTH	HEBRÄISCHER BUCHSTABE		TAROTSYMBOL
27	Hod (8) – Netzach (7)	Peh	Mund	XVI Der Turm
28	Yesod (9) – Netzach (7)	Tzaddi	Angelhaken	III Der Herrscher
29	Malkuth (10) – Netzach (7)	Qoph	Hinterkopf	XVIII Der Mond
30	Yesod (9) – Hod (8)	Resh	Kopf	XVIIII Die Sonne
31	Malkuth (10) – Hod (8)	Shin	Zahn	XX Gericht
32	Yesod (9) – Malkuth (10)	Tau	Kreuz	XXI Die Welt

KURZE BESCHREIBUNG UND ANWENDUNG

Von der Weisheit zur Krone. Anfang. Leichtsinn. Unbeständigkeit. Unschuld. Enthusiasmus. Paradoxes.

Von der Intelligenz zur Krone. Illusion. Offenbarungen. Geschick. Kunstfertigkeit. Feinheit. Spontaneität.

Von der Schönheit zur Krone. Intuition. Verständnis. Erleuchtung. Wissen. Bildung.

Von der Intelligenz zur Weisheit. Fruchtbarkeit. Ergiebigkeit. Errungenschaft. Erfüllung.

Von der Schönheit zur Weisheit. Offenbarung. Schöpfung. Vermischen. Chancen. Optimismus.

Von der Güte zur Weisheit. Spirituell. Gütig. Bescheiden. Mitfühlend. Barmherzig. Weise.

Von der Schönheit zur Intelligenz. Vertrauen. Liebe. Versuchung. Prüfung. Vollkommenheit.

Von der Kraft zur Intelligenz. Bewegung. Schicksalsprüfung. Unglück. Mühen. Handeln. Triumph.

Von der Kraft zur Güte. Bewußtheit. Zutrauen. Entschlossenheit. Tatkraft. Stärke. Unerschütterlichkeit.

Von der Schönheit zur Güte. Fürsprache. Klugheit. Besorgtheit. Trost. Weisheit. Rat.

Von der Stärke zur Güte. Evolution. Wandel. Wahrscheinlichkeit. Geschick. Schicksal.

Von der Schönheit zur Kraft. Mäßigkeit. Anständigkeit. Gerechtigkeit. Genugtuung. Belohnung. Sühne.

Von der Herrlichkeit zur Kraft. Aufschub. Übergang. Verzicht. Verlassensein. Opfer. Neuorientierung.

Von der Stärke zur Schönheit. Änderung. Wechsel. Verwandlung. Anfang und Ende. Reinkarnation.

Vom Fundament zur Schönheit. Mäßigkeit. Beherrschung. Anpassung. Ausgewogenheit. Vereinigung. Zusammenwirken.

Von der Herrlichkeit zur Schönheit. Prüfung. Versetzung. Unterwerfung. Teufelsanbetung. Unheimlich. Astral. Magie.

Von der Herrlichkeit zur Stärke. Zusammenbruch. Unerwartetes. Rückgängigmachung. Gefahr. Verderben. Ruin. Zerstörung.

Vom Fundament zur Stärkung. Erfahrenheit. Geschick. Führerschaft. Überzeugung. Herrschaft. Verwirklichung.

Vom Königreich zur Stärke. Instinkt. Heuchelei. Unbekanntes. Mißtrauen. Irreführung. Fehltritt. Skandal.

Vom Fundament zur Herrlichkeit. Befriedigung. Zufriedenheit. Vollendung. Freude. Belohnung.

Vom Königreich zur Herrlichkeit. Urteil. Mut. Verjüngung. Wiedergeburt. Aufstieg.

Vom Fundament zum Königreich. Fortschritt. Vollendung. Der Realität ins Gesicht sehen. Erfolg. Sieg. Vollkommenheit.

Arthur Edward Waite

Dr. Arthur Edward Waite war ein wahrer Gelehrter des Okkultismus, der eingehende Nachforschungen betrieb und eine Reihe von Werken schrieb, darunter »The Key to the Tarot« (»Bilderschlüssel zum Tarot«) und »The Holy Kabbalah«. »Der wahre Tarot ist Symbolismus; er spricht keine andere Sprache und bietet keine anderen Zeichen«, schrieb Waite.

»Angesichts der inneren Bedeutung seiner Sinnbilder bilden sie jedoch eine Art Alphabet, das eine unbegrenzte Reihe von Kombinationen ermöglicht und durch und durch logisch ist. Auf der höchsten Ebene bietet der Tarot einen Schlüssel zu den Mysterien, und zwar auf eine Weise, die nicht willkürlich ist und die noch nicht erkannt wurde. Allerdings sind falsche symbolische Geschichten im Zusammenhang mit dem Tarot verbreitet worden und seine Geschichte ist in allen veröffentlichten Werken, die sich bisher mit dem Thema befaßt haben, falsch wiedergegeben worden.«

Auf die Initiative von Waite und unter seinen Anweisungen wurde ein 78-Karten-Tarotspiel von Pamela Colman Smith, einer Amerikanerin, die in Jamaika aufwuchs und ebenfalls Mitglied des »Order of the Golden Dawn« war, gezeichnet. Es ist bekannt als Rider-Waite-Tarotspiel.

Waite ging ganz richtig in seiner Vermutung, daß »Der Narr«, der nicht numeriert ist und die »0« repräsentiert, nicht zwischen die Karten 20 und 21 plaziert werden sollte, wie dies von Levi und Papus vorgeschlagen wurde, sondern stattdessen ganz logisch gesehen vor dem »Magier« liegen sollte, als Attribut des ersten Buchstabens des hebräischen Alphabets, nämlich Aleph. Waite vertauschte jedoch, wahrscheinlich ohne ausreichende Berechtigung die beiden Karten »Kraft« und »Gerechtigkeit« in ihrer Reihenfolge.

»Kraft«, die normalerweise in Tarotspielen die Nr. XI ist, wird von Waite stattdessen als Nr. VIII bezeichnet. »Gerechtigkeit«, die allgemein die Nr. VIII ist, wurde von Waite zur Nr. XI umgewandelt. Die Korrespondenzen zwischen den 22 Großen Arkana und dem hebräischen Alphabet, wie sie von Levi und Papus im Vergleich zu Waite dargestellt werden, sind wie folgt:

HEBRÄISCHER BUCHSTABE	LEVI und PAPUS	WAITE
Aleph	I Der Magier oder Gaukler	0 Der Narr
Beth	II Die Päpstin	I Der Magier
Gimel	III Die Kaiserin	II Die Hohepriesterin
Daleth	IIII Der Kaiser	III Die Herrscherin
Heh	V Der Papst	IIII Der Herrscher
Vau	VI Laster u. Tugend oder die Liebenden	V Der Hierophant
Zain	VII Der Kampfwagen	VI Die Liebenden
Cheth	VIII Gerechtigkeit	VII Der Wagen
Teth	VIIII Der Eremit	VIII Kraft oder Stärke
Yod	X Das Schicksalsrad	VIIII Der Eremit
Kaph	XI Kraft	XI Gerechtigkeit
Lamed	XII Der Aufgehängte	XI Das Rad des Lebens
Mem	XIII Tod	XII Der Gehängte
Nun	XIIII Mäßigkeit	XIII Tod
Samech	XV Der Teufel	XIIII Mäßigkeit
Ayin	XVI Der Turm	XV Der Teufel
Peh	XVII Der Stern	XVI Der Turm
Tzaddi	XVIII Der Mond	XVII Der Stern
Qoph	XVIIII Die Sonne	XVIII Der Mond
Resh	XX Das jüngste Gericht	XVIIII Die Sonne
Shin	0 Der Narr	XX Gericht
Tau	XXI Das Universum oder Die Welt	XXI Das Universum oder die Welt

»Der Tarot verkörpert symbolische Darstellungen universeller Ideen«, sagte Waite, »hinter denen alles vom menschlichen Geist Unausgesprochene liegt, und in diesem Sinne enthält er eine Lehre, welche einigen wenigen Menschen das Erfassen der

Wahrheiten ermöglicht, die im Bewußtsein aller liegen, doch von gewöhnlichen Menschen nicht wirklich erkannt werden.

Die Lehre von der symbolischen Darstellung universeller Ideen existierte in dem Bewußtsein einer Minderheit. Sie wurde durch heimliche Überlieferung von einem zum anderen weitergegeben und in Geheimschriften wie denen der Alchemie und der Kabbala festgehalten. Diese Lehre stützt sich auf Erfahrung und Lebensweisheit.

Das Original des Waite-Spiels wurde 1910 von Rider & Co., London, zusammen mit Waites berühmtem Werk »The Key to the Tarot« herausgegeben. Das Waite-Spiel ist in verschiedenen Ausführungen in Buchhandlungen und Esoterikläden erhältlich. 1971 gab Rider & Co. in Zusammenarbeit mit U.S. Games Systems Inc., New York, eine Neuauflage des authentischen Waite-Smith-Spiels heraus, das als Rider-Spiel bekannt ist. Es wurde nach dem ursprünglichem Spiel von Arthur Waite gestaltet, das noch im Besitz seiner 90jährigen Tochter Sibyl Waite ist. Diese Sonderausgabe des Tarot porträtiert die authentischen Bilder und Farben des Original-Waite-Spiels und ist die einzige autorisierte Fassung.

Wirth – Case – Zain – Crowley

Die 22 Großen Arkana, die dem Buch von Oswald Wirth »Le Tarot des Imagiers du Moyen Age« beiliegen, haben hebräische Buchstaben in der unteren rechten Ecke jeder Karte. »Aleph« wird z.B. der Karte I, »Le Bateleur« (Der Magier), zugeteilt. Die Wirth-Karten sind in auffallenden metallischen Farben gedruckt und tragen außerdem römische Ziffern am Kopfende.

Paul Foster Case benützt in seinem Buch »The Tarot, A Key to the Wisdom of the Ages« Bilder für die 22 Großen Arkana, die in einigen Details den Waite-Bildern ähnlich sind. Die Case-Karten tragen arabische Ziffern in der unteren linken Ecke und hebräische Buchstaben in der unteren rechten Ecke.

Aleph wird z.B. dem Narren zugeordnet, während Beth dem Magier zugeschrieben ist. Die Schwarzweiß-Zeichnungen der Case-Karten eignen sich sehr gut zur Kolorierung nach eige-

THE FOOL.

THE MAGICIAN.

JUSTICE.

Waite-Tarotkarten Dies sind Beispiele aus dem berühmten Rider-Spiel, das von Arthur Edward Waite geschaffen wurde. Pamela Colman Smith zeichnete es für ihn. Das Spiel wurde von Rider & Co., London, erstmals 1910 herausgegeben. Die kleinen Karten tragen ein symbolisches Bild statt nur eines Satzsymbols. Deswegen zeigt die Karte Vier der Schwerter (Pik) nicht nur vier Schwerter, sondern auch einen Ritter, der in Gebetshaltung auf seinem Grabmal liegt. Auf der Vier der Pentakel (Karo) ist ein Mann in der Tracht eines Händlers zu sehen, der Geld in einer Waage wiegt, während er Geld an die Bedürftigen und Notleidenden verteilt. Die anderen vier abgebildeten Karten gehören den Großen Arkana an und tragen englische Titel. Der Narr hält am Rande eines Abgrundes über den Höhen der Welt inne. Der Magier mit dem Zeichen des ewigen Lebens in Form einer waagerechten Acht über seinem Haupt hebt seinen Zauberstab gen Himmel, während seine linke Hand auf die Erde zeigt. »Kraft« stellt eine Frau dar, die einem Löwen das Maul schließt. »Gerechtigkeit« zeigt eine sitzende Frau, die die Waage der Gerechtigkeit in der einen Hand balanciert und in der anderen Hand ein doppelschneidiges Schwert hochhebt. Die Karten dieses 78-Karten-Spiels sind ca. 7 × 12 cm groß und haben leicht abgerundete Ecken. Das Rückenmuster ist ein blau-schwarzes Tarotée-Muster.

nem Geschmack. Auch das Tarot C. C. Zain's in »The Sacred Tarot«, das von der »Church of Light« veröffentlicht wurde, ist schwarzweiß und eignet sich zum Kolorieren. Obwohl die Karten reich an ägyptischen Symbolen sind, weichen sie gänzlich von den üblichen Tarotsymbolen ab.

Das Tarotspiel, das Aleister Crowley in »The Book of Thoth« (»Das Buch Thoth«) präsentiert, ist farbig und basiert auf Original-Gemälden von Lady Frieda Harris. Diese Thoth-Karten weisen ganz andere als die üblichen Tarotzeichen auf und wurden als komplettes Spiel erstmals 1971 zum Gebrauch mit dem Buch herausgegeben.

Weitere Tarotspiele

Zusätzlich zu den gebräuchlichen 22 symbolischen Bildern der Großen Arkana, die zum Wahrsagen benützt werden, sind auch verschiedene andere Entwürfe in den vergangenen zwei Jahrhunderten erschienen. Diese kunstvollen Spiele wurden als bildliche Darstellungen ihrer Zeit gestaltet und umfassen Themen wie militärische Ereignisse, Kunst, Wissenschaft, Literatur, Dichtung, Tanz, Folklore, Jagd, Industrie, Schauspiel usw. Besonders weitverbreitet in deutschen Tarotspielen sind Tierszenen. Obwohl es italienische, französische, deutsche, belgische, schweizerische und amerikanische Tarotspiele gibt, finden sich die Titel der 22 sinnbildlichen Zeichnungen häufiger in französischer als in irgendeiner anderen Sprache. Die amerikanischen Tarotspiele tragen im 20. Jahrhundert vorwiegend englische Titel.

Für den Sammler sind diese farbenreichen Karten besonders interessant. Um Beschädigungen der Karten zu vermeiden, können sie mit Foto-Ecken auf große Passepartout-Blätter aufgezogen werden und gleichzeitig bieten sie so ein farbenprächtiges Bild.

Schweizer Rochias Fils-Tarotkarten Diese Tarotkartenserie stammt aus dem späten 18.
Jahrhundert und wurde von Hand mittels Schablonen in Neuchâtel, Schweiz, hergestellt. Auf
der »Zwei der Münzen«-Karte steht: Fait par Jacque Rochias Fils à Neuchâtel«. »Die
Hohepriesterin« wurde in »La Papese«, die Päpstin, verwandelt, während »Der Hierophant«
als »Le Pape« abgebildet wird. Die Karte Nr. XIII, die oft namenlos ist, erscheint mit dem
Titel »La Mort«. Weitere abgebildete Karten: XV »La Maison de Dieu« – Das Haus Gottes
oder Der Turm, und »Roi de Coupe« – König der Kelche. Die Karten dieses 78-Karten-Spiels
sind ca. 6 × 12 cm groß und rechtwinklig. Die Rückseite ist einfarbig.

Carey-Tarotkarten der Französischen Revolution Das Tarotspiel der Französischen Revolution von L. Carey stammt von ca. 1791 und unterscheidet sich von den üblichen Tarotkarten dadurch, daß die Hofkarten wie folgt abgeändert sind: Könige-*Genie,* Königinnen-*Liberté,* Cavaliers-*Cavaliers,* Valets-*Egalité.* Außerdem wurden die Herrscherin und der Herrscher zur Großmutter und zum Großvater degradiert und die Kronen wurden als Ausdruck antiroyalistischer Stimmung weggelassen. »Gerechtigkeit« wurde zu »La Trompète«. Die Karte »Zwei der Kelche« trägt die Aufschrift »Taros Fin de L. Carey à Strasbourg«. Die Karten dieses 78-Karten-Spiels sind ca. 6,5 × 10 cm groß und rechtwinklig. Die Rückseite trägt ein blaues Muster mit sich abwechselnden Sonnen und Punkten.

Tarot von Besançon-Karten Dieses 78-Karten-Spiel stammt aus dem frühen 19. Jahrhundert und ist eine handkolorierte Schablonenarbeit. Auf der Karte Zwei der Kelche steht in der unteren Hälfte die Inschrift: »RENAULT Fabricant de Cartes (des Jouer?) à Besançon«. »Le Chariot« (Der Wagen) trägt die Initialen »J.I.A.B.«, die auf J. Jerger in Besançon hinweisen. Die Trumpf II »Junon« ersetzt »La Papesse«, was in den meisten Tarotspielen aus Südfrankreich üblich ist. Weitere abgebildete Karten: III »L'Imperatris« (Die Herrscherin), VIII »Le Capucin« (Der Eremit), und »Cavallier de Baatons« (Ritter der Stäbe). Die zahlreichen Schreibfehler sind auf die unzureichende Bildung der Handwerker, die die Holzdruckstöcke schnitzten, zurückzuführen. Die Karten sind 6,7 × 12,5 cm groß und haben abgerundete Ecken. Die Rückseite ist hellrot gesprenkelt.

Polnische Tier-Tarotkarte   Dieses farbige Tier-Tarotspiel stammt aus dem frühen 19. Jahrhundert und trägt im Wappenschild des Karo-Ritters die Inschrift: »Fabrique de Cartes de J. Duport à Versovie« (Warschau). Die Papierhülle trägt russische Zeichen, die darauf hinweisen, daß die Karten wahrscheinlich zum Gebrauch in Rußland hergestellt wurden. Die Steuerstempel auf dem Herz-As sind polnisch. Die Zeichnungen dieses Spiels sind einer früheren Reihe von Spielen (spätes 18. Jahrhundert) von Andreas Benedictus Gobl aus München auffallend ähnlich und stammen wahrscheinlich von dort. Weitere abgebildete und namenlose Karten sind: »Der Narr«, Die Trümpfe XII und XVI, die Tiere in voller Größe darstellen, und die Pik-Königin. Alle Trumpfkarten tragen Figuren in voller Größe außer der Nr. I, die eine Phantasiefigur mit einem Schwert in der Hand darstellt. Die farbigen Karten des 78-Karten-Spiels sind ca. 5,6 × 11 cm groß und haben rechtwinklige Ecken. Die Rückseite trägt ein Sonnenmuster innerhalb offener braun-roter Rechtecke.

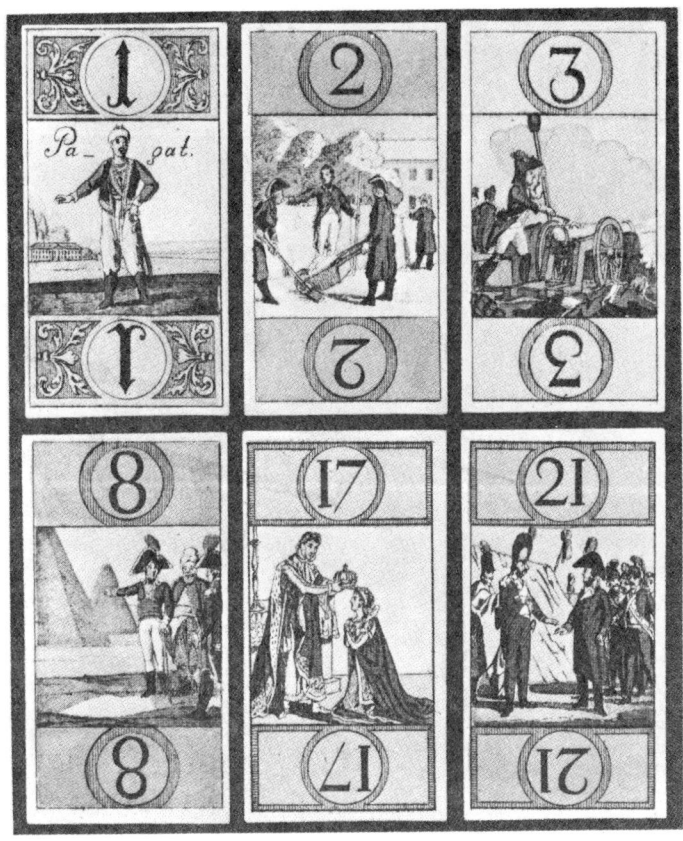

Napoleonische Tarotkarten Diese seltenen napoleonischen Tarotkarten, die von ca. 1812 stammen, sind farbige Handschablonendrucke und stellen wichtige Ereignisse aus dem Leben von Napoleon dem Ersten dar. Die Trumpfkarten tragen doppelseitig arabische Ziffern innerhalb eines Kreises, während die Figuren in voller Größe sind. Die Nr. 2 zeigt die französischen Militärschulen in Brienn-Le-Chateau, wo Napoleon ausgebildet wurde, während die Nr. 3 wahrscheinlich die Belagerung Toulons im Jahre 1793 veranschaulicht, bei der Napoleon die Französisch-Republikanische Artillerie kommandierte. Die Trumpf 8 stellt Napoleon in Ägypten dar, entweder im Juli 1798 zur Zeit der Pyramiden-Schlacht oder im darauffolgenden Jahr, als er ein türkisches Heer in Abukir besiegte. Nr. 17 zeigt die Krönung der Kaiserin Joséphine durch Napoleon im Jahre 1804 zur Zeit seiner eigenen »Krönung« zum Kaiser durch Papst Pius VII., und die Nr. 21 scheint Napoleons Einmarsch in Deutschland darzustellen. Die Bedeutung der Trumpf 1 ist Mutmaßungen unterworfen. Es ist sehr gut möglich, daß das Wort »Pa-gat« für einen nicht vorbestimmten Führer steht und ein Vorspiel der späteren Ereignisse im Leben Napoleons ist. Die handschablonierten Karten sind ca. 6 × 11,2 cm groß und haben rechtwinklige Ecken. Die Rückseite zeigt ein Muster mit sich abwechselnden Karos und Ornamenten in Graublau.

Tier-Tarotkarten Tier-Tarotkarten eines 78-Karten-Spiels, das wahrscheinlich ca. 1850 in Deutschland hergestellt wurde. Jede der Trumpfkarten trägt doppelseitig eine arabische Ziffer. Auf jeder Trumpfkarte befinden sich doppelseitig Tiere mit Ausnahme der Nr. 1, die doppelseitig die Gestalt eines Knaben zeigt. Der Pik-Bube und der Kreuz-Ritter sind oben abgebildet. Die ganzfarbigen Karten sind ca. 6 × 11 cm groß und haben rechtwinklige Ecken. Die Rückseite besteht aus einer Gruppe mehrfach gepünktelter Felder, die durch blaue getüpfelte Linien verbunden sind.

86

Knepper Tanz-Tarotkarten Diese schönen Karten stellen Tanzfiguren in voller Größe dar. Das Spiel umfaßt insgesamt 54 Karten, die 1866 von E. Knepper & Comp., Wien, hergestellt wurden, wie die Steuermarke auf dem nicht abgebildeten Herz-As besagt. Als doppelseitige Figuren sind der »Kreuz-Ritter« und der »Karo-Bube« dargestellt. Die Karten sind ca. 5,8 × 10,7 cm groß und haben rechtwinklige Ecken. Das Rückseitenmuster besteht aus einem vielfach verschlungenen Band in Blau mit winzigen Kreisen und Quadraten im Zentrum.

Soldaten-Tarotkarten des 1. Weltkrieges Dieses 54-Karten-Tarotspiel mit dem Namen »Soldaten-Tarock« wurde von Ferd. Piatnik & Söhne, Wien, herausgegeben. Die doppelseitigen Karten des als Spiel Nr. 217 bezeichneten Kartenblattes sind auf Karton lithographiert. Das Spiel läßt die Karten 6 bis As der Farben Pik und Kreuz weg und die Karten 5 bis 10 der Farben Herz und Karo, was bei Tarotkarten des Spieles Tarock üblich ist. Die 21 Trümpfe tragen römische Ziffern und stellen Kriegsszenen in voller Größe dar. »Der Narr« ist unnumeriert. Die Hofkarten stellen anonyme Soldaten oder Matrosen dar bis auf die Königinnen, die auf der Herz-Königin eine Rot-Kreuz-Schwester zeigen und auf den anderen Farben junge Frauen darstellen, die beim Kriegseinsatz helfen. Die von links nach rechts abgebildeten Karten: (oben) VII – Belagerung von Antwerpen, XII – Flieger über Venedig und XIII – Handels-U-Boot, Deutschland, Kapitän König (unten) XIX – Befreiung Przemysls (Polen), XX – Niederkämpfung Citta di Ferrara und die Hofkarte Herz-Bube.

Piatnik-Tarock-Spielkarten Der »Kreuz-Bube« trägt den Namen und die Adresse des Herstellers Ferd. Piatnik & Söhne, Wien. Die Trumpf II trägt die Inschrift »Industrie und Glück«. Dieses farbenreiche 54-Karten-Tarotspiel präsentiert auf jeder Karte doppelseitig typische Volksszenen und läuft bei Piatnik unter der Nummer 105 A. Größe: ca. 6,2 × 11,5 cm. Die Karten haben abgerundete Ecken und auf der Rückseite ist ein Reh im Gebüsch dargestellt.

Müller-Tarotrump-Karten Die oben abgebildeten sechs Karten sind Teil des 78-Karten-Tarotrump-Spieles, das von AGM AGMüller hergestellt wird und derzeit in den Vereinigten Staaten immer beliebter wird. Das Tarotrump-Spiel basiert auf den uralten Spielen Minchiate und Tarocchi und wurde für den heutigen Spielkartenfreund etwas geändert. Die 21 Trumpfkarten, die arabische Ziffern tragen, stellen doppelseitig Volksszenen dar. Die Hofkarten bestehen aus dem König, der Königin, dem Cavalier und dem Buben. Die Karten sind ca. 6 × 11 cm groß. Sie haben abgerundete Ecken und die Rückseite hat ein blaues Tarotée- oder Kreuz-Muster.

Grimaud-Tarot-Arista-Karten   Sechs Karten aus dem 78-Karten-Tarot-Arista-Spiel, das von B. P. Grimaud, Frankreich, herausgegeben wird. Jede Karte trägt eine Beschreibung der normalen Wahrsage-Bedeutung und der Bedeutung bei umgekehrter Karte. Die Karten sind von links nach rechts: (oben) IX »Der Eremit« mit einer verhüllten Lampe, XIV »Mäßigkeit« mit zwei Urnen und XX »Das jüngste Gericht« und die Auferstehung der Toten, (unten) XXXVIII »König der Kelche« und »Meister der Kelche«, III »Schwertkönigin« und »Meisterin der Schwerter«, und XI »Bube der Kelche« und »Sklave der Kelche«. Diese Karten sind einzigartig wegen der aufgedruckten Angaben, die beim Wahrsagen sehr hilfreich sind. Diese Karten sind ca. 6 × 12 cm groß und haben abgerundete Ecken. Die Rückseite trägt ein diagonales Tarotée-Muster.

1 JJ-Tarotkarten Eines der beliebtesten Tarotspiele in den Vereinigten Staaten ist das 1 JJ-Tarot-Wahrsagespiel, das 78 ganzfarbige Karten umfaßt. Die sechs abgebildeten Karten veranschaulichen die hervorragende künstlerische Arbeit. »Le Mat« ist der Narr. Karte II folgt dem südfranzösischen Gebrauch »Junon« statt »La Papesse« zu verwenden. Karte XIII trägt die Bezeichnung »La Mort«, Tod. Karte XVIIII »Le Soleil« repräsentiert Die Sonne. Zwei Hofkarten sind abgebildet: »Roi des Epées« – König der Schwerter (Pik), und »Chevalier des Coupes«, Ritter der Kelche (Herz). Die Karten sind ca. 6,2 × 11,8 cm groß. Sie haben gerundete Ecken und ihre Rückseite trägt ein schwarz-braunes Tarotée-Muster.

Heutzutage sind auch Tarotspiele mit 54 und 78 Karten, die beim Tarock-Spiel verwendet werden, beliebt. Ein weiteres neues Spiel, das in Amerika populär ist, nämlich das TAROTRUMP, basiert auf den ursprünglichen Regeln der italienischen Spiele Minchiate und Tarocchi aus dem 16. Jahrhundert, die für den heutigen Spielkartenliebhaber leicht abgeändert wurden.

Das TAROTRUMP-Spiel, das auf Seite 90 abgebildet ist, umfaßt 78 Karten:

56	Karten in den vier Farben Pik, Kreuz, Herz und Karo. Jede Farbe enthält einen König, eine Königin, einen Ritter und einen Buben sowie zehn niedrige oder kleine Karten, die von zehn bis eins numeriert sind.
21	Trumpf- oder sinnbildliche Karten, die von 21 bis 1 numeriert sind.
1	Unnumerierte Karte, als »Entschuldigung« bekannt.
78	Karten insgesamt

TAROTRUMP wird von drei bis fünf Spielern gespielt. In der 3-händigen Version erhält jeder Spieler 24 Karten und sechs Karten bilden den Stoß. Der Stoß geht später an den gewinnenden Bieter.

Der Kartengeber fängt mit dem Bieten an, wobei es vier mögliche Ansagen gibt: Ich passe! Ich nehme! Ich gebe weiter! Ich behalte! Der gewinnende Bieter, der Trumpfer genannt wird, muß am Ende des Spiels genügend Punkte in seinem Stich haben, um zu gewinnen, daß er sein Gebot entweder erreicht oder übertrifft. Die Ansagepflicht wird von der Anzahl der »Oudler« (Trumpf 2, 1 und die »Entschuldigung«) in den Stichen des Trumpfers am Ende des Spiels bestimmt.

Hat der Trumpfer in seinen Stichen:
3 Oudler – gewinnt er 36 Punkte
2 Oudler – gewinnt er 41 Punkte
1 Oudler – gewinnt er 51 Punkte
9 Oudler – gewinnt er 56 Punkte

Die Punkte werden am Ende jedes Spiels vom Trumpfer wie folgt gezählt:

Oudler	Wert
Trumpf Nr. 21	5 Punkte
Trumpf Nr. 1	5 Punkte
Unnumerierte Entschuldigung	5 Punkte
4 Könige	je 5 Punkte
4 Königinnen	je 5 Punkte
4 Ritter	je 3 Punkte
4 Buben	je 2 Punkte

Bei der Berechnung der Punktzahl wird jede der obengenannten Trumpf- und Hofkarten, die im Besitz des Trumpfers sind, zu den übriggebliebenen Trumpfkarten (Nr. 20 bis 2) oder zu den kleinen Karten (Farbkarten von 10 bis 1) auf einer 1 zu 1 Basis dazugezählt. Zum Schluß berechnet der Trumpfer 1 Punkt für je zwei Karten, die in seinem Stich übriggeblieben sind.

Während des Spiels darf der Halter einer Kartenfarbe irgendeine Karte seiner Wahl spielen und die anderen Spieler müssen, soweit möglich, Farbe bekennen. Wenn sie nicht bedienen können, müssen sie einen Trumpf spielen (irgendeine Karte von 21 bis 1); kann der Spieler weder Farbe noch Trumpf spielen, darf er irgendeine Karte spielen.

Die »Entschuldigung« ist eine besondere Karte und sie darf zu jeder Zeit gespielt werden. Sie »entschuldigt« den Spieler von seiner Pflicht, Farbe zu bekennen oder zu trumpfen. Die »Entschuldigung« bleibt im Besitz des Spielers, außer, wenn sie im letzten Stich des Spielers gespielt wird und der Stich verlorengeht.

Der Trumpf 1 oder der »Kleine Trumpf« ist die subtilste Karte im Spiel. Der Spieler, der den »Kleinen Trumpf« hält und den letzten Stich des Spiels mit dem »Kleinen Trumpf« gewinnt, erhält einen Extra-Bonus.

Alle Regeln und Beispiel-Kartenblätter für das Spiel TAROTRUMP befinden sich in dem Buch »*Official Rules of the Tarotrump Card Game*«.

KAPITEL IV

Die Karten der Großen Arkana

Die 22 Großen Arkana oder sinnbildlichen Karten im Tarot Classic-Spiel umfassen einundzwanzig numerierte Karten und die unnumerierte Karte mit der Bezeichnung »Der Narr«. Die Karten der Großen Arkana tragen folgende kennzeichnende Titel:

	Der Narr	XI	Kraft
I	Der Magier	XII	Der Gehängte
II	Die Hohepriesterin	XIII	Tod
III	Die Herrscherin	XIIII	Mäßigkeit
IIII	Herrscher	XV	Der Teufel
V	Der Hierophant	XVI	Der Turm
VI	Die Liebenden	XVII	Der Stern
VII	Der Wagen	XVIII	Der Mond
VIII	Gerechtigkeit	XVIIII	Die Sonne
VIIII	Der Eremit	XX	Gericht
X	Rad des Schicksals	XXI	Die Welt

Es folgen Beschreibungen jeder einzelnen Karte, ihrer wichtigsten Wahrsage- bzw. divinatorischen Bedeutungen und der umgekehrten Bedeutungen entsprechend der Interpretationen, die sich während der vergangenen Jahrhunderte entwickelt haben. Wer Karten legt, sollte daran denken, daß die verschiedenen Bedeutungen als Anregung gedacht und nicht endgültig sind. Während der Lesung sollte der Wahrsager seinen bewußten und unbewußten Denkprozessen die Freiheit geben, nach Gefühl und Intuition erweiterte Bedeutungen zu entwickeln.

DER NARR

Der Narr

Beschreibung:
Ein junger Mann, der eine Narrenkappe und bunte Kleider
trägt, wandert ziellos dahin. Er achtet nicht auf den Hund, der
zu seinen Füßen bellt. Er ist alleine und geht ungehindert seines
Weges. Er trägt einen Kragen mit knäulartigen Quasten, die
Frivolität andeuten. Auf seiner linken Schulter ruht ein Stock,
den er mit der linken Hand umfaßt und der sein Begehren und
seinen Willen symbolisiert. An seinem Stock befestigt ist e in
Bündel, in dem seine früheren Erfahrungen aufbewahrt sind,
die er als wertvollen Besitz zum späteren Gebrauch hütet. Der
Narr hat seine frühere Abhängigkeit von Familie und Freunden
gelöst. Sein Gesicht drückt Naivität und Unschuld aus. Seine
rechte Hand umfaßt locker einen Stab, und ohne Kleinigkeiten
seine Aufmerksamkeit zu schenken, beachtet er kaum die
Richtung, die er einschlägt.
  Sträucher, die Chancen darstellen, wachsen vor ihm aus der
Erde. Der Narr betritt gerade eine neue Welt der unbegrenzten

Möglichkeiten und Ausdruckskraft. Der Sack, den der Narr trägt, könnte auch sinnbildlich sein für seine Fehler, die er sich nicht eingestehen will, während das Tier hinter ihm die ihn verfolgende Reue versinnbildlichen könnte. Der Narr verkörpert die Tatkraft und den Enthusiasmus der Jugend, die begeistert ist von den enormen Möglichkeiten, die sie angesichts einer neuen Unternehmung verspürt.

Der Narr ist eine jugendliche und abenteuerliche Person.

Divinatorische Bedeutung:
Diese Karte zeigt Torheit an. Gedankenlosigkeit. Extravaganz. Unreife. Unsicherheit. Leichtsinn. Spontanität. Freude. Beschwingtheit. Mangelnde Disziplin. Rücksichtslosigkeit. Exhibitionismus. Unbesonnenheit. Raserei. Unbeherrschte Maßlosigkeit. Lächerlicher Aufwand oder Handeln. Nachlässigkeit in Versprechungen. Unaufmerksamkeit in wichtigen Kleinigkeiten. Anfang eines Abenteuers. Verblendung. Indiskretion. Fixe Ideen. Leidenschaft. Besessenheit. Manie. Die Tendenz, ein Projekt zu starten, ohne vorher alle Einzelheiten in Betracht gezogen zu haben. Initiative. Enthusiasmus. Widerwille, Ratschläge von anderen anzunehmen. Neigung, sich von der eigenen Intuition leiten zu lassen. Personen, die diese Karte ziehen, sollten darauf achten, sich nicht von dem, was besser scheint, als es in Wirklichkeit ist, verleiten zu lassen. Man muß sich vor Torheit hüten und darauf achten, daß die rechte Entscheidung getroffen wird, statt den leichteren Weg zu wählen.

Umgekehrte Bedeutung:
Falsche Wahl oder schlechte Entscheidung, Unschlüssigkeit, Teilnahmslosigkeit. Innehalten oder Zögern statt zielstrebigen Voranschreitens. Mangelndes Vertrauen.

DER MAGIER

I Der Magier

Beschreibung:
Ein Magier steht vor einem Tisch, auf dem verschiedene Gegenstände willkürlich liegen, darunter Messer, die Mühsale und Schwierigkeiten symbolisieren, Münzen, die Vollendung und Verwirklichung kreativen Bemühens bedeuten und Kelche, die auf Leidenschaften oder Glück hinweisen.

Der phallische Stab der Kreativität mit zwei Knäufen, den er in seiner Hand hält, bringt die Zeichen der vier Kartensätze des Tarotspiels zum Abschluß. Der Hut des Magiers hat die Form einer waagerechten Acht, der okkulten Zahl des Altertums, die dem Hermes zugeschrieben wird und auf innere Weisheit und die Vereinigung des Bewußten und Unbewußten zum Zwecke der ewigen und immerwährenden Erfüllung schließen läßt. Seine Linke nimmt Kraft von oben auf, und mit seinem festen Willen und seiner Kreativität schafft er Realität durch seine nach unten zeigende Rechte. Dieses duale Zeichen gibt zu verstehen, daß alles von oben kommt, um alles auf Erden zu schaffen. Der Magier erlebt durch seine eigene Kreativität und seine Fähigkeiten die Grundlagen seiner eigenen Identität. Er besitzt die Fähigkeit, die verschiedenen Gegenstände auf dem Tisch so zu nützen, daß er in Gedanken, Wort und Handlung erfolgreich ist. Der Magier nimmt das Leben wahr als ein unaufhörliches Glücksspiel, das Umstände bietet, die ganz nach den individuellen Fähigkeiten wirklich kontrollierbar werden können.

Divinatorische Bedeutung:
Der Magier repräsentiert Originalität und Kreativität. Das Vermögen, seine Fähigkeiten zur Bewältigung einer Aufgabe einzusetzen. Phantasie. Selbstvertrauen. Spontanität. Geschicklichkeit. Willensstärke. Selbstsicherheit. Gewandtheit. Genialität. Flexibilität. Kunstfertigkeit. Arglist. Meisterschaft. Selbstkontrolle. Schwindel. Irreführung. Taschenspielertricks. Verwirrung. Einklang von Gedanken und Gefühlen. Fähigkeit, über seine eigenen Handlungen zu bestimmen. Entschlossenheit, eine Aufgabe bis zur Vollendung durchzustehen. Fähigkeit, andere Leute zu beeinflussen.

Umgekehrte Bedeutung:
Willensschwäche. Unentschlossenheit. Unfähigkeit. Unsicherheit. Rastlosigkeit. Verzögerung. Mangelnde Phantasie. Die Verwendung seiner Geschicke für zerstörerische Ziele. Böse Absichten.

II Die Hohepriesterin

Beschreibung:

Die Hohepriesterin sitzt in ihrem Tempel. In ihrem Schoß hält sie das Buch des Wissens und der esoterischen Weisheit, in dem vergangene Ereignisse des bewußten wie unbewußten Geistes aufgezeichnet sind. Sie ist eine stattliche Frau, was eine Herausforderung an die männliche Überlegenheit andeutet. Sie trägt ein langes, fließendes Gewand und einen großen Umhang, der am Hals verknotet ist, sowie eine Art Schleier, der von ihrer zweireihigen Krone herabfällt. Sie ist die ewige, weibliche Göttin des Altertums, welche dem Leben um sie herum Wissen und Weisheit schenkt. Sie verkörpert die vollkommene Frau und die Essenz all dessen, was weiblich ist, jedoch nicht unbedingt weiblich im romantischen Sinne. Sie wird manchmal Isis, die altägyptische Göttin der Fruchtbarkeit und Schwester und Ehefrau von Osiris, genannt. Die Hohepriesterin trägt eine Krone, um ihren Rang im Leben anzuzeigen. Sie besitzt die Fähigkeit, viele, sehr verschiedenartige Informationen aufzunehmen und zu behalten, doch sie hat Schwierigkeiten, diese Informationen im täglichen Leben sinnvoll für sich selbst anzuwenden. Die Hohepriesterin ist sowohl Hüterin der Weisheit als auch die Vermittlerin dieses Wissens an andere. Sie ist eine Lehrerin.

Divinatorische Bedeutung:
Weisheit. Gesundes Urteilsvermögen. Klares Wissen. Klugheit. Gesunder Menschenverstand. Gelehrsamkeit. Verständnis. Gemütsruhe. Erleuchtung. Objektivität. Einfühlungsvermögen. Bildung. Fähigkeit, andere zu lehren und zu unterweisen. Voraussicht. Intuition. Fassungsvermögen. Wahrnehmungsvermögen. Selbstvertrauen. Verborgene Gefühle. Gefühlslosigkeit. Unfähigkeit zu teilen. Mangelnde Geduld. Unbehagen. Alte Jungfer. Platonische Beziehungen. Die Neigung, emotionelle Verwicklungen zu vermeiden. Spricht gelegentlich zu viel. Manchmal übertrieben pragmatisch. Eine gute Lehrerin.

Umgekehrte Bedeutung:
Ignoranz. Kurzsichtigkeit. Mangelndes Verständnis. Selbstsucht. Annahme oberflächlichen Wissens. Falsches Urteil. Seichtheit. Selbstgefälligkeit.

III Die Herrscherin

Beschreibung:

Die Herrscherin wird als Matrone dargestellt, die auf ihrem Thron sitzt. Sie trägt eine Krone auf dem Haupt und blickt entschlossen und standhaft nach vorne. In ihrer linken Hand hält sie das Szepter der Autorität und mit ihrer rechten Hand umfaßt sie einen Schild mit einem Adler, dem Symbol ihrer Amtsgewalt. Sie wird mit Flügeln dargestellt, was auf spirituelle Intuition hinweist. Die Herrscherin erweckt die Vorstellung, Symbol der weiblichen Leistungsfähigkeit und des weiblichen Handelns zu sein. Sie ist resolut in ihrer Erscheinung und ihrer Entschlossenheit. Sie ist eine Frau von Wissen und Verstand, die alle ihre Fähigkeiten in Richtung einer sinnvollen und beachtenswerten Entwicklung ihres eigenen Lebens durch Zielstrebigkeit oder falls notwendig Verschlagenheit wirksam einzusetzen weiß.

Divinatorische Bedeutung:
Diese Karte symbolisiert weiblichen Fortschritt. Handeln. Entwicklung. Ergiebigkeit. Fruchtbarkeit. Errungenschaft. Vollendung. Interesse an den Einzelheiten des Alltags. Mutter. Schwester. Ehefrau. Ehe. Kinder. Weiblicher Einfluß. Materieller Reichtum. Evolution. Gelegentliche Ausflüchte. Weibliche Arglist. Belästigung. Verschwenderin. Nörgeln. Fähig sein, andere anzuregen. Eine Führerin. Jemand, der Entscheidungen aufgrund aller vorhandenen Tatsachen trifft. Die Inspiration hinter einem erfolgreichen Partner oder Ehemann. Geschäftsfrau. Verständig. Praktisch. Entschlossen. Intuitiv.

Umgekehrte Bedeutung:
Wankelmut. Untätigsein. Interesselosigkeit. Mangelnde Konzentration. Unentschlossenheit. Verzögerte Vollendung oder Fortschritt. Angst. Vergeuden von Geldmitteln. Verlust materieller Güter. Unfruchtbarkeit. Untreue.

IIII Der Herrscher

Beschreibung:

Ein majestätischer Mann mittleren Alters mit Schnurrbart und langem, fließenden goldenen Haar sitzt auf seinem Thron und überblickt sein Reich. Er trägt eine unauffällige Krone. Er muß seine erhabene Stellung nicht groß herauskehren. Vor sich hält er in seiner ausgestreckten Rechten ein Szepter als Hinweis auf seinen aktiven Einfluß in allen Angelegenheiten, die ihm vorgetragen werden. Er strahlt Vertrauen und Erfolg aus. Seine Gewänder sind reich geschmückt und majestätisch, wie es seiner erhabenen Stellung gebührt. Das Wappenschild unter seiner Linken zeigt einen Adler mit ausgebreiteten Schwingen, das Symbol seiner Autorität, und von einem Ordensband um seinen Hals hängt ein rundes goldenes Amulett, das seine ihm von Gott übertragene Macht symbolisiert. Der Herrscher ist abgebildet vor einem offenen Hintergrund, was die Größe seines Reiches andeuten soll. Auf seinem Thron sitzend kreuzt er die Beine und zeigt mit dieser Haltung, daß er sich nicht bedroht und in seiner überaus wichtigen Stellung und Verantwortung wohl fühlt und fähig ist, die vor ihm liegenden Aufgaben zu bewältigen.

Divinatorische Bedeutung:
Diese Karte repräsentiert weltliche Macht. Errungenschaft. Vertrauen. Reichtum. Standfestigkeit. Autorität. Unbesiegbarer Geist. Führerschaft. Kriegerische Neigungen. Draufgängertum. Vaterschaft. Vater. Bruder. Ehemann. Männlicher Einfluß. Direkter Druck. Überzeugung. Herrschaft der Intelligenz und der Vernunft über Emotion und Leidenschaft. Kraft. Patriarchalische Figur. Standhaftigkeit. Erreichen der Ziele. Das Begehren, seine Herrschaft auf alle Gebiete auszudehnen. Starke männliche Entwicklung. Würdig, Autorität auszuüben. Eine fähige Person, die Wissen hat und kompetent ist. Bereit, sich Ratschläge anzuhören, jedoch seinen eigenen Überzeugungen zu folgen.

Umgekehrte Bedeutung:
Die entgegengesetzte Bedeutung dieser Karte deutet Unreife an. Mangelnde Kraft. Unentschlossenheit. Schwacher Charakter. Schwäche. Unfähigkeit, kleinliche Gefühle zu kontrollieren.

V

DER HIEROPHANT

V Der Hierophant

Beschreibung:

Ein älterer Mann mit dickem Bart und Schnurrbart trägt eine Bischofsmütze auf dem Kopf und umfaßt mit seiner rechten Hand das Dreifachkreuz, die schöpferische Kraft in den göttlichen, geistigen und physischen Welten. Hinter ihm befinden sich zwei Säulen, wovon die eine das Gesetz und die andere das Recht zu gehorchen oder nicht zu gehorchen symbolisiert und somit die Essenz des Seins als Individuum, das entscheiden kann, ob es innerhalb oder außerhalb der Grenzen des Gesetzes leben will. Dies ist das Thema der Dualität, die dem Menschen ermöglicht, zwischen Gnade und Strenge und zwischen Gehorsam durch Zwang oder aus freien Stücken zu wählen. Die Krone repräsentiert die materielle, bildende und kreative Welt und wiederholt somit die Symbolik des Stabes. Der Hierophant repräsentiert alles Orthodoxe und Traditionelle bis zum Grad der Unwirksamkeit. Das Erbe und die vergangenen Symbole sind oftmals wichtiger als die Zweckmäßigkeit und Notwendigkeit des Wandels, die in der Gegenwart vonnöten sind.

Divinatorische Bedeutung:
Ritualismus. Zeremonien. Gnade. Demut. Güte. Vergebung. Inspiration. Bündnis. Barmherzigkeit. Dienstbereitschaft. Untätigkeit. Mangelnde Überzeugung. Schüchternheit. Offene Zurückhaltung. Gebundensein an seine eigenen Gedanken. Eine Person, bei der man Zuflucht sucht. Konformismus. Ein religiöser oder spiritueller Führer. Manchmal ist es diesem Menschen nicht möglich, sich neuen Umständen und veränderten Bedingungen anzupassen. Die Neigung, sich an frühere Ideen und Prinzipien zu klammern, selbst wenn diese veraltet sind. Ein Mensch mit einem ausgeprägten Sinn für geschichtliche Bedeutung und einer aufrichtigen Hochachtung vor überliefertem Erbe.

Umgekehrte Bedeutung:
Übertriebene Güte. Törichte Übertreibung von Großherzigkeit. Beeinflußbarkeit. Unfähigkeit. Verwundbarkeit. Haltlosigkeit. Unorthodoxes Verhalten. Unkonventionalität.

VI Die Liebenden

Beschreibung:
Ein bartloser junger Mann ohne Hut steht neben einem jungen
Mädchen mit goldenem Haar. Sie stehen beide vor einem
Priester, der ihnen das Gesicht zuwendet, während sie sich die
Treue geloben. Der Pfeil Amors ist von oben herab auf sie
gerichtet. Die Liebenden repräsentieren das Wesentliche im
Austausch von Liebe und Zärtlichkeit zwischen den Menschen.
Dieses Kartenbild hat offensichtlich mit Ehe und Freundschaft
zu tun, obwohl einige ältere Versionen vermuten lassen, daß
die Symbole den Menschen darstellen, der zwischen der Tugend und dem Laster steht und sich nun endgültig für das eine
oder andere entscheiden muß. Die über ihnen stehende Sonne
sendet ihre Kraft auf die Geschöpfe unten nieder und dient als
Quelle der Weisheit und der Schöpfung. Gott Amor repräsentiert das beginnende Leben und die Figuren sollen Wahrheit,
Ehre und Liebe zueinander darstellen. Diese Karte symbolisiert
große Sympathie, Wärme, Verlangen und Hingabe, und sie

bietet eine emotionelle Erfahrung mit bedeutungsvoller Tragweite. Aber Liebe bringt immer die Gefahr einer möglichen Täuschung durch Blindheit gegenüber der Wirklichkeit, daher ist Vorsicht geboten.

Divinatorische Bedeutung:
Liebe. Schönheit. Vollkommenheit. Harmonie. Einmütigkeit. Überstandene Prüfungen. Vertrauen. Zuversicht. Ehre. Anfang einer möglichen Romanze. Verblendung. Tiefe Gefühle. Neigung zu Optimismus. Außer acht lassen möglicher Konsequenzen. Sich gehenlassen. Gefühlsfreiheit. Die Notwendigkeit zu prüfen oder sich Prüfungen zu unterziehen. Kampf zwischen geweihter und profaner Liebe. Auf die Probe stellen. Prüfung. Grübelei. Verlangen. Versuchung. Mögliche heikle Situationen. Eine Person, die in die Gefühle und Probleme eines Freundes oder Verwandten stark verwickelt ist.

Umgekehrte Bedeutung:
Scheitern an einer Prüfung. Unzuverlässigkeit. Trennung. Frustration in Liebe und Ehe. Einmischung durch andere. Unbeständigkeit. Vertrauensunwürdigkeit. Unkluge Pläne.

VII Der Wagen

Beschreibung:
Der gekrönte Eroberer steht aufrecht in einem kubischen Kampfwagen, der mit einem luxuriösen Baldachin bedeckt ist. Er hält ein Szepter in der rechten Hand und trägt eine Rüstung. Die Epauletten auf seinen Schultern sind als die Gesichter von Urim und Thummin zu erkennen, die den göttlichen Willen im Orakel suchten. Der Wagen wird von zwei feurigen Pferden gezogen, die eine Mischung von Verwirrung und Bedrängnis versinnbildlichen, sowie die Vereinigung von Positiv und Negativ. Die Pferde, die in verschiedene Richtungen ziehen, zwingen den Wagenlenker, sie zu zügeln. Der Wagen repräsentiert die materiellen Strömungen, die den Menschen seinem Schicksal entgegentragen. Der Eroberer in seinem Wagen besiegt die Menschen vor ihm und tritt gegen alle elementaren Kräfte an, um den Sieg zu erringen. Die Pferde sind gegensätzlicher Natur, was eindrücklich darauf hinweist, daß Fortschritt durch

aufmerksame Beachtung sich widersprechender Einzelheiten erzielt wird.

Divinatorische Bedeutung:
Diese Karte deutet auf Unannehmlichkeiten und Mißgeschicke, die möglicherweise schon überstanden sind. Widerstreitende Einflüsse. Tumult. Rache. Erfolg. Mögliche Reise. Flucht. Flucht vor der Realität. Voreiliger Entschluß. Auf den Wellen des Erfolgs und der Beliebtheit reitend. Fassungslosigkeit. Bedarf der Kontrolle. Es muß auf Einzelheiten geachtet werden. Dringende Notwendigkeit, seine Gefühle unter Kontrolle zu bringen. Diese Karte legt nahe, daß man Größe erreichen kann, wenn die physischen und geistigen Kräfte im Gleichgewicht gehalten und wirksam eingesetzt werden.

Umgekehrte Bedeutung:
Die entgegengesetzte Bedeutung dieser Karte ist Erfolglosigkeit. Niederlage. Mißlingen. In allerletzter Minute etwas verlieren, das unter Umständen in Reichweite gewesen wäre. Plötzlicher Zusammenbruch der Pläne. Niederlage. Überwältigung. Versäumnis, der Wirklichkeit ins Gesicht zu sehen.

VIII Gerechtigkeit

Beschreibung:
Die gekrönte weibliche Figur der Gerechtigkeit, Astraea, die Göttin der Gerechtigkeit der griechischen Mythologie, sitzt zwischen den Säulen der positiven und negativen Kräfte. Sie verkörpert eine der Haupttugenden. In ihrer linken Hand hält sie die Waage der Gerechtigkeit, was Unvoreingenommenheit und Redlichkeit bedeutet. Mit ihrer rechten Hand umfaßt sie ein doppelschneidiges Schwert, das sie mit der Fähigkeit, recht von schlecht zu unterscheiden, ausstattet und darauf hinweist, daß eine schwierige Situation manchmal dadurch gelöst werden kann, indem man sie von zwei Seiten angeht.

Ihr Gesicht trägt den Ausdruck von Entschlossenheit und felsenfester Überzeugung. Die Gerechtigkeit ist fähig, gerecht über Sitte und Moral zum Besten aller Betroffenen zu walten. Sie stellt die Säulen der moralischen Stärke und Rechtschaffenheit dar. Obwohl sie keine Augenbinde trägt, bleibt die Gerechtigkeit gerecht und unvoreingenommen. Sie läßt sich nie durch Versuchungen oder Neid irreführen.

Divinatorische Bedeutung:
Redlichkeit. Verständigkeit. Gerechtigkeit. Rechtes Gleichgewicht. Harmonie. Unvoreingenommenheit. Rechtschaffenheit. Tugendhaftigkeit. Ehre. Jungfräulichkeit. Gerechte Belohnung. Aufrichtiges Begehren. Gute Absichten. Gutgemeintes Handeln. Rat. Selbstzufriedenheit. Der letztendliche Ausgang wird – ganz gleich ob als günstig oder ungünstig empfunden – auf jeden Fall der betroffenen Person gerecht. Gleichgewicht. Ausgeglichenheit. Unparteilichkeit. Fähigkeit, Versuchungen wahrzunehmen und Übel zu vermeiden. Diese Karte weist auf eine Person hin, die auf die Gutmütigkeit anderer positiv reagiert. Ein rücksichtsvoller Mensch. Jemand, der eine Situation nicht auf unfaire Weise ausnützt.

Umgekehrte Bedeutung:
Vorurteile. Falsche Beschuldigungen. Frömmelei. Unerbittliches Urteil. Intoleranz. Ungerechtigkeit. Mißbrauch.

VIIII Der Eremit

Beschreibung:
Ein bärtiger Mann in einem weiten Gewand hält in seiner
Rechten eine Laterne hoch, die von seinem Umhang teilweise
verdeckt ist. Die Laterne repräsentiert das Wissen um die
okkulten Wissenschaften. Der Eremit geht gestützt auf einen
Stab in seiner Linken, während er den Weg der Einweihung
und des Wissens beschreitet. Er ist bereit, seinen Mitmenschen
mit Empfehlungen und Ratschlägen beiseite zu stehen. Der
Eremit ist der Hüter der Zeit. Er ist der Weise, der die Weisheit
und Wahrheit aus dem ewigen, ihm überlieferten Wissen ver-
waltet. Er ist »Der Alte« im Kapuzen-Gewand, dessen Trost
das Wissen der Zeitalter ist. Seine Lampe des Wissens befaßt
sich mit allen esoterischen Lehren. Unglücklicherweise ist sein
Wissen oftmals leblos und unpraktisch außer für geistige Kreise. Beizeiten ist sein Wissen so überwältigend, daß er es als Last
empfindet. Sein Wissen, das zur Weiterentwicklung dienen
sollte, behindert manchmal das kreative Denken des Eremiten.

Divinatorische Bedeutung:
Wissen. Besorgtheit. Klugheit. Diskretion. Vorsicht. Wachsamkeit. Bedachtsamkeit. Selbstverzicht. Sich Zurückziehen. Rückfall. Unter bestimmten Umständen bedeutet diese Karte auch ein Zurücktreten. Im-Stich-lassen. Annullierung. Unaufrichtigkeit. Ausdruckslosigkeit. Ein Einzelgänger oder ein Mensch, der unfähig ist, mit anderen Menschen Gemeinsames zu tun. Irrwege. Irrweisung. Neigung, Gefühle zurückzuhalten. Angst vor Entdeckung. Unfähigkeit, den Tatsachen ins Gesicht zu sehen. Bewahren von Geheimnissen, die enthüllt oder auch nicht enthüllt werden dürfen. Neigung, sich an diesem Reichtum an Wissen festzuklammern in dem Glauben, etwas Ehrenhaftes zu tun, ohne den Versuch zu machen, diese Information für ein bestimmtes Ziel oder Zweck zu nützen.

Umgekehrte Bedeutung:
Unklugheit. Überstürztheit. Unbesonnenheit. Voreiligkeit. Törichtes Handeln. Falscher Rat. Niederlage als Ergebnis von Dummheit. Übertriebene Vorsicht, die zu einer unnötigen Verzögerung führt. Unreife.

X Rad des Schicksals

Beschreibung:

Das Rad des Schicksals hat 6 Speichen, was bedeutet, daß jedes Stadium des Lebens sein Gegenstück auf der am Rad gegenüberliegenden Seite hat. Auf dem Rad sitzen primitive Figuren – ein Affe, der auf der linken Seite hochsteigt, eine geschwänzte Kreatur, die auf der rechten Seite hochsteigt, und eine gekrönte Sphinx mit Flügeln und einem Schwanz, die an der Spitze ruht und ein Schwert in ihren Löwenklauen hält. Der Affe zur Linken, der auf dem Rad abwärts steigt, fällt ins Unglück, während die undefinierbare Gestalt zur Rechten dem Glück entgegenzustreben scheint. Diese Tiere werden in der ewigen Bewegung des sich fortwährend wandelnden Universums und des Flusses des menschlichen Lebens gezeigt, während die oben sitzende Sphinx den Versuch macht, das Gleichgewicht zu halten. Es wird behauptet, daß die böse, abwärtssteigende Gestalt der Typhon (ein Ungeheuer der griechischen Mythologie) sei. Das Rad des Schicksals dreht sich als Verwalter des Leids und der Freude, des Lebens und des Todes, des Guten und Bösen, des Schwarzen und Weißen und bringt zum Ausdruck, daß es in allen Elementen des Lebens Negatives und Positives gibt. Das Rad ist ein Kreis ohne Anfang und Ende und daraus ergibt sich das Symbol der fortwährenden Ewigkeit und der kontinuierlichen Bewegung zum Fortschritt und zum Wechsel. Der gleichzeitige Auf- und Abstieg deutet hin auf Evolution und Verfall, auf Glück, Zufall, Geschick, Wahrscheinlichkeit und vorbestimmten Ausgang. Die Sphinx weist auf das Prinzip des Gleichgewichts und der Beständigkeit, durch welches wir die Macht haben, unser Leben zu verändern, obwohl wir auf dem Weg des Zufalls und des Schicksals wandeln.

Divinatorische Bedeutung:
Schicksal. Los. Geschick. Glück. Gottgesandtes. Besonderer Gewinn oder ungewöhnlicher Verlust. Höhepunkt. Abschluß. Ergebnis. Auf die Lösung eines Problems zugehen. Gut oder schlecht je nach den Einflüssen der nächstliegenden Karten. Unvermeidlichkeit. Unerwartete Ereignisse können auftreten. Der gesamte Lauf des Rades weist auf den Gang der Dinge von Anfang bis Ende. Voranschreiten zum Guten oder Schlechten. Fortschritt. Das was war, ist und sein wird, bleibt sich gleich, außer man achtet auf unerwartete Gelegenheiten.

Umgekehrte Bedeutung:
Scheitern. Pech. Unerwartetes schlechtes Los. Unterbrechung oder Unbeständigkeit aufgrund unerwarteter Ereignisse. Unberücksichtigte äußere Einflüsse, die sich ungünstig auf den Geist auswirken.

XI Kraft

Beschreibung:
Eine Frau hält das Maul eines löwenähnlichen Tieres, das sich ihr zu widersetzen versucht, mutig offen. Das Tier wirkt wie verzaubert, und die Frau scheint wenig Kraft aufwenden zu müssen, was Beweis der ihr eigenen inneren Stärke ist. Die Frau trägt einen großen Hut in Form einer waagerechten Acht wie der Magier, was auf ewige, fortwährende Kraft hinweist. Der breitrandige Hut deutet auch auf die Verbindung von bewußtem und unbewußtem Geist, die einem Menschen Stärke und große physische und geistige Kraft verleiht. Der Löwe repräsentiert äußere Einflüsse, die die Sicherheit der Frau gefährden und als Warnung vor den Worten und Taten anderer dienen. Der Löwe stellt außerdem eventuell auftretende Versuchungen dar, die viel Beherrschung und unerschütterliche Entschlossenheit verlangen. Obwohl die Karte »Kraft« eine Frau als Sinnbild hat, repräsentiert sie die ganze Menschheit und die Lei-

118

stungen, die sie kraft ihrer Überzeugungen und unermüdlichen Bemühungen vollbringen kann.

Divinatorische Deutung:
Diese Karte symbolisiert Kraft. Mut. Standfestigkeit. Überzeugung. Energie. Entschlossenheit. Unerschütterlichkeit. Widerstand. Handeln. Sich der Versuchungen und der geistigen und physischen Möglichkeiten, sie zu überwinden, bewußt sein. Vertrauen. Angeborene Begabung. Eifer. Hingabe. Physische Kraft. Vollendung. Erreichen des Zieles trotz beträchtlicher Gefahr. Verborgene Kräfte, die herausgefordert werden. Heldentum. Tiefreichende Kraft. Durchhaltevermögen allen Hindernissen zum Trotz. Unermüdliches Bemühen. Triumph der Liebe über den Haß. Befreiung.

Umgekehrte Bedeutung:
Schwäche. Kleinlichkeit. Unfähigkeit. Krankheit. Tyrannei. Mangelndes Vertrauen. Mißbrauchte Macht. Der Versuchung erliegend. Gleichgültigkeit.

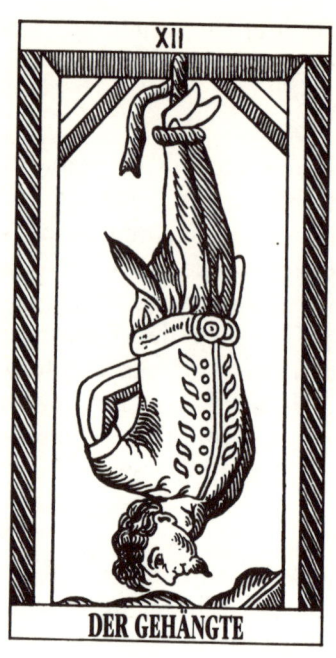

DER GEHÄNGTE

XII Der Gehängte

Beschreibung:

Ein junger Mann hängt kopfüber von einem Holzbalken zwischen zwei Säulen. Die Konstruktion könnte ein Galgen sein und somit eine Warnung bedeuten. Die Füße des Mannes sind mit einem dicken Seil zusammengebunden und seine Hände sind hinter seinem Rücken gefesselt. Sein linker Arm ist am Ellenbogen abgewinkelt und bildet ein Dreieck. Seine Augen stehen offen, und er bleibt sich seiner Umgebung vollkommen bewußt. Wir sehen im Gehängten den Augenblick des Innehaltens, wenn die Wahrheit und die Erkenntnis offenbart werden. Der Mantel der Geheimhaltung wird abgenommen. Das innere Selbst wird entblößt. Obwohl der junge Mann noch erdgebunden ist, hat er auf seine Weise durch das Innehalten und den Übergangszustand in seinem Leben ein gewisses Maß an Erleichterung errungen. Der junge Mann schaukelt zwischen den Augenblicken der Entscheidung. Die Ereignisse der Vergangenheit stehen unter dem Bann der gegenwärtigen Ruhe und vor dem Sturm der auf ihn wartenden Zukunft. Reue verheißt Rettung.

Divinatorische Bedeutung:
Leben in der Schwebe. Übergang. Wandel. Umkehr des Geistes und des Lebensstils. Im passiven Sinne, Apathie und Abgestumpftheit. Langeweile. Sich gehenlassen. Verzicht. Umwandlung der Lebenskräfte. Atempause zwischen bedeutenden Ereignissen. Opfer, Reue. Neuorientierung. Bemühungen müssen eventuell unternommen werden, um ein vielleicht noch nicht erreichtes Ziel zu verwirklichen. Regenerierung. Verbesserung. Wiedergeburt. Das Aufsteigen neuer Lebenskräfte. Eine Zeit, sich für neue Erfahrungen zu rüsten. Aufgabe. Mangelnder Fortschritt. Eine Pause im Leben. Äußere Umstände, die einen starken Einfluß haben. Du könntest dich zu sehr aufopfern. Es ist möglich, daß deine Opfer nicht geschätzt werden.

Umgekehrte Bedeutung:
Mangelnde Aufopferung. Abgeneigtsein, die nötigen Anstrengungen zu machen. Unfähigkeit, von sich selbst etwas zu geben. Vertieftsein ins Ego. Falsche Prophezeiung. Sinnloses Opfer.

XIII Tod

Beschreibung:
Ein Gerippe mit einer Sichel lichtet das Terrain, auf dem die
Köpfe und Hände von Opfern zu sehen sind. Das Skelett tötet
alles Leben, das rundum zum Vorschein kommt. Die Karte des
Todes trägt die unglückselige Nummer 13, die Vorbote eines
großen Umschwungs ist. Manchmal verursacht das Niedermä-
hen der Felder durch das Skelett das Wachstum neuer Pflanzen
aus der Erde und die Regenerierung früherer Seelen. Das
Skelett, das sowohl männlich als auch weiblich sein kann,
repräsentiert Wandlungen der Gegenwart, die in der Zukunft
bestimmte Ereignisse zur Folge haben werden. Die Energie des
Skeletts sprengt die Ketten, die den Wandel verhindern und
aufhalten. Die Karte des Todes repräsentiert das Übergangs-
phänomen des Verfalls und Todes, das jedoch zu Wiedergeburt
bzw. Reinkarnation führt. Die Endgültigkeit der Vergangenheit wird der Zukunft durch den unwiderruflichen Schwung
der Sichel genommen. Die Angst vor Wechsel überschattet oft

die Verheißungen einer neuen Richtung und die Gelegenheiten, die auf einen Menschen, der fähig ist, den Lauf seiner Lebensrichtung zu ändern, warten. Der Mähende fegt das Unkraut weg, das die ihn einschränkenden Umstände symbolisiert, und Wiedergeburt und Wiederaufleben beginnen fast unverzüglich.

Divinatorische Bedeutung:
Freimachen des Weges für neue Bestrebungen. Transformation. Unerwartete Veränderung. Verlust. Mißlingen. Veränderung. Abrupter Wandel des alten Selbst, jedoch nicht unbedingt physischer Tod. Das Ende einer familiären Situation oder Freundschaft. Verlust des Einkommens oder der finanziellen Sicherheit. Beginn einer neuen Epoche. Krankheit, möglicherweise sogar Tod. Da eine große Wandlung möglich ist, könnte diese Karte die Geburt neuer Ideen oder die Entwicklung neuer Erwartungen bedeuten.

Umgekehrte Bedeutung:
Stagnation. Unveränderlichkeit. Langsame Veränderungen. Teilweiser Wandel. Trägheit. Einem ernsten Unfall, dem Tod oder einem Unheil nur ganz knapp entrinnen.

MÄSSIGKEIT

XIIII Mäßigkeit

Beschreibung:

Diese Karte veranschaulicht die Tugend der Mäßigkeit als einen geflügelten Engel in goldenen Gewändern, der Flüssigkeit von einem Gefäß in ein anderes gießt. Ihr dickes, fließendes Haar, das ihr in Locken um das schöne Antlitz fällt, gleitet über ihre Schultern. Die Essenz des Lebens fließt zwischen den beiden Gefäßen und symbolisiert das Fließen der Vergangenheit durch die Gegenwart in die Zukunft. Die Urnen symbolisieren Maß und Sparsamkeit. Das Gießen der Flüssigkeit von der höher gehaltenen Urne in der Linken in die tiefer gehaltene Urne in der Rechten (ohne den Inhalt zu verschütten) symbolisiert große Disziplin und Achtsamkeit. Hinter dem Engel befinden sich Hügel und Gebüsch, was auf uneingeschränkte Möglichkeiten hinweist, die durch erfolgreiche Verbindung der vergangenen Ereignisse mit den gegenwärtigen verwirklicht werden können. Der Engel der Mäßigkeit besitzt Maß und Selbstbeherrschung. Er ist furchtlos, voller Selbstvertrauen und fähig, mit den bescheidenen Bedürfnissen seiner Stellung zu leben.

Divinatorische Bedeutung:
Mäßigkeit und Ausgewogenheit. Geduld. Das was durch Selbstbeherrschung und Achtsamkeit erreicht werden kann. Schlichtung. Harmonie. Erlangen vollkommener Vereinigung durch Vermischen oder Zusammenführen. Geschicklichkeit. Verträglichkeit. Fusion. Anpassung. Guter Einfluß. Glückliches Omen. Festigung. Eine erfolgreiche Kombination bewerkstelligen. Fähigkeit, die materiellen und intellektuellen Manifestationen, die einem zugänglich sind, zu erkennen und zu verwenden. Möglicherweise eine Person ohne übertriebene Neigungen. Beliebtheit. Hohes Ansehen. Mutterfigur. Vaterfigur. Weltliches Sinnbild. Vertrauen und Selbstzufriedenheit ausstrahlend. Vielleicht zu ausgewogen und bescheiden, um an ein momentan unerreichbares Ziel zu gelangen, das ein beträchtliches Maß an Aggressivität erfordern würde.

Umgekehrte Bedeutung:
Zwietracht. Entzweiung. Interessenkonflikt. Feindseligkeit. Unfähigkeit mit anderen zu arbeiten. Schwierigkeiten, andere zu verstehen. Ungeduld. Sterilität. Frustrationen.

XV Der Teufel

Beschreibung:
Diese Karte zeigt einen gehörnten Dämon mit Fledermausflügeln, der eine Fackel in der linken Hand hält und erhöht auf einem Sockel steht. Die rechte Hand des Teufels ist erhoben, schwarze Magie und Zerstörung bedeutend. Zwei geschwänzte und gehörnte Figuren sind mit einem dicken Seil um den Hals an einem Eisenring im steinernen Sockel festgebunden. Die Verwendung eines Seils statt einer schmiedeeisernen Kette weist darauf hin, daß wir, durch unser eigenes Scheitern zum Diener gemacht, uns dennoch durch Entschlossenheit und Willenskraft der Fesseln, die uns binden, entledigen können. Der Teufel hält eine ausgebrannte Fackel, die Zerstörung und böse Absichten symbolisiert. Der Teufel ist der Verkünder von Tod, Unheil und Elend. Diese Karte bedeutet menschliches Leid und Hoffnungslosigkeit. Der Teufel personifiziert den Unheilstifter, die Rücksichtslosigkeit gegenüber anderen und

die letztendlichen Konsequenzen. Diese Karte weist auf ungünstige Umstände und unglückliche Situationen hin!

Divinatorische Bedeutung:
Unterordnung. Verheerung. Knechtschaft. Böswilligkeit. Unterwürfigkeit. Zusammenbruch. Mangelnder Erfolg. Seltsame beängstigende Erfahrung. Schlechter Einfluß oder Rat von außen. Schwarze Magie. Unerwartetes Scheitern. Scheinbare Unfähigkeit, seine Ziele zu verwirklichen. Unglücklich machende Abhängigkeit von einer anderen Person. Gewalt. Schock. Verhängnis. Selbstbestrafung. Versuchung des Bösen. Selbstzerstörung. Unheil. Astraler Einfluß. Aufspaltung der eigenen Persönlichkeit bis zum Verlust der Identität. Ein launischer Mensch. Mangel an Humor außer auf Kosten anderer. Mangel an Prinzipien. Unmoral.

Umgekehrte Bedeutung:
Erlösung von der Knechtschaft. Abwerfen der Fesseln. Aufschub. Ehescheidung. Anerkenntnis unserer Bedürfnisse durch eine andere Person. Bewältigung von unüberwindlichen Hindernissen. Anfang spiritueller Einsicht. Die ersten Schritte zur Erleuchtung. Überwindung der Angst vor seinem eigenen Selbst.

XVI Der Turm

Beschreibung:

Ein hoher Turm mit einem gekrönten Dach, das vier Zinnen trägt, wird von einem gewaltigen Blitz getroffen, der möglicherweise direkt von der Sonne kommt. Die Karte wird verschiedentlich »Der vom Blitz getroffene Turm«, »Das Haus Gottes«, »Das Spital«, »Feuer des Himmels« oder »Der Turm zu Babel« genannt. Zwei Menschen, vermutlich ein Mann und eine Frau, stürzen mit Funken und Trümmern zu Boden, was den Niedergang der vorhergehenden Zustände und den Zusammenbruch der vorher gültigen Ordnung symbolisiert. Der Turm symbolisiert bisheriges Wissen und Meinungen und gelegentlich falsche Voraussetzungen. Er ist aus Ziegeln gebaut und hat drei Fenster – eines über den zwei anderen –, was auf die beschränkte Sicht der Bewohner hindeutet. Der Blitz schlägt nur den oberen Teil des Turmes von der Hauptkonstruktion ab – ein klarer Bruch mit der Vergangenheit. Der Blitz ist das Symbol starker und beherrschender Ereignisse. Der

Turm repräsentiert eine Urwurzel der Vergangenheit, die nun Zerstörung und Veränderung erfährt. Die herabstürzenden Gestalten stellen den Absprung von der Vergangenheit und das Eintauchen ohne Rückhalt in die Sphäre der vor ihnen liegenden Ereignisse dar.

Divinatorische Bedeutung:
Plötzlicher, totaler Wandel. Zusammenbruch alter Auffassungen. Aufgabe vergangener Beziehungen. Abbrechen einer Freundschaft. Änderung einer festen Meinung. Unerwartete Ereignisse. Bruch. Unglück. Schicksalsschlag. Elend. Irreführung. Konkurs. Beendigung. Verwüstung. Zusammensturz. Niedergang. Loslösung. Ruin. Ehescheidung. Verlust der Standfestigkeit. Ein plötzliches Ereignis, das das Vertrauen zerstört. Geldverlust. Verlust der Sicherheit. Verlust von Liebe und Zärtlichkeit. Rückschlag. Furchtbare Veränderung. Durchbruch zu neuen Gebieten und Perspektiven.

Umgekehrte Bedeutung:
Fortwährende Unterdrückung. Auf der alten Tour weitermachen. In demselben Trott weiterleben. Unfähigkeit, irgendeine sinnvolle Veränderung zu bewirken. In einer unglücklichen Situation verfangen sein. Gefangengehaltensein.

XVII Der Stern

Beschreibung:
Eine nackte Jungfrau, die auf einem Bein neben einem Teich
kniet, gießt das Wasser des Lebens aus zwei Vasen; dies führt
zum Empfangen neuer Ideen und zur Kristallisation neuer
Vorstellungen. Der Gesichtsausdruck der jungen Frau strahlt
Zufriedenheit und Hoffnung aus. Am Himmel steht ein riesiger
Stern, der »Stern der Magie«, der golden strahlt und von sieben
kleineren auf die Erde niederscheinenden Sterne umgeben ist.
Die Sterne der Hoffnung steigen über der nackten Jungfrau
auf. Vögel und Blumen sind nicht weit von ihr, was von der
Geburt neuen Lebens und von Verheißungen kündet. Der
Vogel ist der heilige Ibis der Gedanken, während die Serne die
strahlende kosmische Energie symbolisieren. Diese Karte re-
präsentiert ganz deutlich das Auftauchen neuer Gelegenheiten
und das Vertrauen auf Erfüllung. Das Wasser ist der Weg der
Widerstandslosigkeit und der Mensch hat die Wahl, seinen
Weg mittels neuer Möglichkeiten zu ändern.

Divinatorische Bedeutung:
Diese Karte veranschaulicht Hoffnung, Glaube, Inspiration. Glückliche Aussichten. Die Verbindung von Vergangenheit und Gegenwart. Möglichkeiten verheißend. Optimismus. Einsicht. Gutes Omen. Spirituelle Liebe. Aufgehender Stern. Höhepunkt des Wissens und der Arbeit der Vergangenheit mit der Gegenwart. Ergebnis investierter Energien, das bald sichtbar wird. Erfüllung. Zufriedenheit. Freude. Der rechte Ausgleich von Begehren und Arbeit, Hoffnung und Mühen, Liebe und Ausdruck. Eine günstige Karte, die darauf hinweist, daß Wunschvorstellung und Energie zum Glück unentbehrlich sind.

Umgekehrte Bedeutung:
Unerfüllte Hoffnung. Enttäuschung. Pessimismus. Pech. Mangelnde Gelegenheit. Widerspenstigkeit. Starrsinn. Unausgeglichenheit. Beendigung einer unbefriedigenden Geschäftserfahrung oder gesellschaftlicher Verbindung.

XVIII Der Mond

Beschreibung:

Zwei Hunde heulen den Mond an, von dem, wie es scheint, Tropfen des Einflusses herabregnen. Der Mond hat abwechselnd silberne und schwarze Strahlen, die den Konflikt guten und bösen Einflusses zum Ausdruck bringen. Im Hintergrund, zu beiden Seiten der Hunde, befinden sich zwei Türme, in denen der Mensch unter dem Einfluß des Himmels lebt. Im Vordergrund wartet ein Krebs, der sich in einem Weiher verborgen hält, auf den richtigen Augenblick, um seine Beute zu fassen. Diese Karte deutet hin auf das Vorhandensein von Neid, Betrug, Eifersucht und Voreingenommenheit im täglichen Leben. Sie ermahnt zu Vorsicht und warnt vor Gefahr. Das Mondlicht ist trügerisch. Der Mond hat Macht über das Wasser, und der Krebs liegt auf der Lauer, um jene zu überlisten, die die Warnung nicht beachten. Diese Karte offenbart starke äußere Einflüsse. Der Mensch wird zwischen zahlreichen Einflüssen hin- und hergerissen, während er in seinen

Türmen haust, von der Kraft des Mondes beeinflußt, von dem Heulen der Hunde angezogen und letztlich vom hinterhältigen Krebs überlistet. Die Hunde haben sich zwar dem Leben mit den Menschen angepaßt, doch bleiben sie eine Bedrohung wegen ihrer Anfälligkeit für den Einfluß des Mondes. Diese Karte weist warnend darauf hin, daß Ereignisse der Gegenwart durch zukünftige, unerwartete Einflüsse verdunkelt werden können.

Divinatorische Bedeutung:
Täuschung. Zwielicht. Finsternis. Betrug. Unehrlichkeit. Desillusionierung. Gefahr. Fehler. Vorsicht. Warnung. Schlechter Einfluß. Verborgene Beweggründe. Heuchelei. Unaufrichtige Freunde. Selbstsucht. Schwindel. Falschheit. Gerissenheit. Vorspiegelung falscher Tatsachen. Ungnade, Verleumdung. Verpflichtung. Ausgenützt werden. Eine unaufrichtige Beziehung. Oberflächlichkeit. Unbekannte Feinde. Das Zusammentreffen vieler verschiedener Einflüsse. In eine Falle geraten. Irreführung. Versäumnis, den umliegenden Gefahren auszuweichen. Die Möglichkeit, einen Fehler zu begehen. Die zahlreichen unterschiedlichen, uns umgebenden Einflüsse werden sich zu neuen Zwängen und Eindrücken formen.

Umgekehrte Bedeutung:
Ein kleiner Schwindel wird erkannt, bevor Schaden angerichtet werden kann. Unbedeutende Fehler. Überwindung böser Versuchungen. Gewinn, ohne den Preis dafür zu zahlen. Jemanden ausnützen.

XVIIII Die Sonne

Beschreibung:

Eine riesige Sonne mit einem runden Gesicht, fließenden Lok-
ken und goldenen Strahlen scheint auf zwei Kinder herab, die
nur mit Lendentüchern bekleidet sind und sich vor einer Stein-
mauer umarmen. Die Blöße der Kinder bedeutet, daß sie nichts
voreinander zu verbergen haben. Die Mauer hinter den Kindern repräsentiert die Bemühungen und vergangenen Ereignisse, die auf einer spirituellen und physischen Ebene stattgefunden haben und die nun abgeschlossen und gesichert sind. Die
Kinder umfassen sich, was Glück und Zufriedenheit bedeutet.
Die Sonne triumphiert über ihnen und sendet ihre Strahlen aus,
die auf die Erde treffen. Aus den Strahlen der Sonne fließen
starke und positive Kräfte, die alle Lebewesen durchdringen
und Gefühle der Zufriedenheit und der Freude hervorrufen.
Die beiden Kinder deuten auf Wandlungen als Belohnung aus
dem Zusammenspiel zweier Menschen und die Einsicht und
das Glück, die daraus resultieren können. Diese Karte reprä-

sentiert die Befriedigung von Liebe und Freundschaft und die Zufriedenheit, die das Ergebnis der Liebe und Hingabe zwischen zwei Menschen ist. Dem Tage folgt die Nacht. Die Sonne zeigt sich nach dem Mond.

Divinatorische Bedeutung:
Befriedigung. Leistung. Zufriedenheit. Erfolg. Positive Beziehungen. Liebe. Glück. Hingabe. Selbstlose Gefühle. Verlobung. Günstiges Omen. Eine glückliche Ehe. Freude im Alltagsleben. Irdisches Glück. Die Zufriedenheit, die daraus entspringt, daß man sich einem anderen Menschen öffnet. Ein guter Freund. Gehobene Stimmung. Wärme. Aufrichtigkeit. Man wird mit einem neuen Freund beschenkt. Freude an einfachen Dingen. Künstlerischer Erfolg. Befreiung. Kleine Gefälligkeiten werden geschätzt. Die Fähigkeit, das Leben so zu akzeptieren, wie es sich präsentiert, und zufrieden zu leben.

Umgekehrte Bedeutung:
Unglück. Einsamkeit. Möglicherweise eine aufgelöste Verlobung oder Ehe. Annullierte Pläne. Verzögerter, aber nicht unbedingt ganz verlorener Sieg. Umschattete Zukunft. Mangel an Freundschaft.

XX Gericht

Beschreibung:

Diese Karte zeigt einen geflügelten Engel, möglicherweise Gabriel, der in eine Trompete bläst, an der ein Banner mit dem Bild des Kreuzes befestigt ist. Darunter entsteigt eine nackte Gestalt einer Gruft, während sich zu beiden Seiten eine nackte Frau und ein nackter Mann erheben, die ihre Hände falten. Diese Figuren deuten auf das Emporsteigen der negativen und positiven Lebenskräfte, das Wachrütteln der Vergangenheit zum Tag des Jüngsten Gerichts und die Bewertung der Bemühungen und Leistungen des Betreffenden. Diese Karte weist nicht nur auf ein Wiederaufleben und Wiedererwachen der Betroffenen hin, sondern auch auf einen Aufruf zur Sühne dessen, was vergangen und gegenwärtig ist, und auf eine Warnung vor dem, was vor uns liegen könnte. Der Sarg könnte tatsächlich der Behälter vergangener Missetaten sein, die nun bloßgelegt werden, damit andere sie sehen und beurteilen mögen. Wir müssen mit unseren Sünden leben und eines Tages müssen wir für unsere Missetaten Rechenschaft ablegen. Die emporsteigenden Figuren symbolisieren die Befreiung von der Hülle vergangener Zeiten. Je tiefer unsere Gefühlsregung desto bedeutender unsere Sühne. Je größer unser Leid desto bedeutsamer unsere Hochachtung für die Freude.

Divinatorische Bedeutung:
Diese Karte deutet auf Sühne. Urteil. Die Notwendigkeit, zu bereuen und zu vergeben. Der Augenblick der Rechenschaft für die Art und Weise, wie wir unsere Gelegenheiten genutzt haben. Die Möglichkeit, daß unser gegenwärtiges Verhalten anderen Menschen gegenüber unfair und herzlos ist. Verjüngung. Wiedergeburt. Verbesserung. Entwicklung. Beförderung. Das Verlangen nach Unsterblichkeit. Es besteht die Möglichkeit, daß dich jemand auf unfaire Weise ausnützt und dies in der Zukunft bereuen wird. Recht. Günstiges Urteil. Ausgang eines Rechtsprozesses oder eines persönlichen Konflikts. Man sollte das gegenwärtige Handeln in bezug auf die Wirkung auf andere vorsichtig überprüfen. Der Erfolg wird sich schneller einstellen, wenn du mit dir selbst ehrlich bist.

Umgekehrte Bedeutung:
Verzögerung. Enttäuschung. Versäumnis, den Tatsachen ins Gesicht zu sehen. Unentschlossenheit. Ehescheidung. Aufschub. Diebstahl.

XXI Die Welt

Beschreibung:

Eine nackte weibliche Figur, die von einem fließenden Schleier oder Tuch umhüllt wird, steht in der Mitte eines grünen, ovalen Kranzes, der den Lorbeerkranz des Sieges symbolisiert. In jeder Hand hält sie einen Stab, der ihre universelle Macht symbolisiert. Obwohl ihre Beine ein Kreuz bilden, steht ein Bein fest auf dem Boden und verleiht ihr festen Stand. Die beiden Stäbe repräsentieren die Kräfte, die aus den Bemühungen resultieren, wie sie in den vorhergehenden Karten beschrieben wurden. Dies wird erreicht durch bewußte und unbewußte Konzentration. Sie bedeuten ebenso Entwicklung und Abstieg. In den vier Ecken der Karte sehen wir die vier cherubinischen Tiere der Apokalypse. Oben links ein Mann oder Engel und oben rechts ein Adler – beide helfen dabei, den Lorbeerkranz zu stützen. Unterhalb der weiblichen Figur befinden sich die Hüter der Wahrheit: Löwe und Stier. Alles, was bisher stattgefunden hat, kulminiert nun in der letztendlichen Vollendung.

Die weibliche Figur ist die Herrscherin ihres Reichs. Die vier Ecken der Karte weisen auch auf die vier Elemente Feuer, Wasser, Erde und Luft hin, die im Gleichgewicht gehalten werden und so als Eckpfeiler die Basis des Lebens auf Erden und jedes einzelnen Tages darstellen.

Divinatorische Bedeutung:
Verwirklichung. Vollendung. Vollkommenheit. Fundamentale Veränderung. Das Endergebnis aller Bemühungen. Erfolg. Sicherheit. Synthese. Erfüllung. Fähigkeiten. Siegreiche Unternehmen. Der Lohn harter Arbeit. Der Weg der Befreiung. Ewiges Leben. Das Endziel, zu dem alle anderen Karten geführt haben. Bewunderung anderer. Der Ausgang der Ereignisse anderweitigen Zeichen zum Trotz. Dies ist eine sehr günstige Karte, besonders wenn sie von anderen günstigen Karten umgeben ist.

Umgekehrte Bedeutung:
Unvollkommenheit. Versäumnis, begonnene Aufgaben zu Ende zu führen. Mangelnde Voraussicht. Mißlingen. Enttäuschung.

KAPITEL V

Die Karten der Kleinen Arkana

Die Karten der Kleinen Arkana des »Tarot Classic« sind in vier Sätze aufgeteilt, die jeweils 14 Karten umfassen und den Sätzen eines herkömmlichen Spielkartenblattes entsprechen. Es gibt die üblichen kleinen Karten vom As bis zur Zehn und die Hofkarten König, Königin und Bube sowie den Ritter, der zwischen Königin und Bube liegt.

Die Könige tragen große Hüte in der Form des Ewigkeitssymbols der waagerechten Acht, während die Königinnen nur Kronen tragen. Die Königin der Münzen und der Bube der Stäbe sind die einzigen, die im Profil dargestellt werden. Die Persönlichkeiten, die auf den Hofkarten abgebildet sind, halten im allgemeinen das Symbol ihres Satzes, d. h. der König, die Königin, der Ritter und der Bube der Schwerter halten jeweils ein Schwert. Bei sorgfältiger Überprüfung stellt man fest, daß die Symbole der Sätze Schwerter und Stäbe recht ähnlich sind und sich nur dadurch unterscheiden, daß erstere gekrümmt sind und letztere gerade. Die Karte Vier der Münzen trägt die

Die Vier, Drei und Zwei der Münzen

Initiale »M« des Herstellers, Müller & Cie., und die Zwei der Münzen trägt den Vermerk »Fabrique de Cartes à Schaffhouse«. Auf dem As der Schwerter und der Stäbe kommt das Farbzeichen aus einer Wolke hervor und wird von einer Hand gehalten.

Die 56 Kleinen Arkana, die 14 Karten pro Satz umfassen, sowie ihre divinatorische Bedeutung und ihre umgekehrte Bedeutung sind wie folgt:

Satz der Schwerter
(entspricht Pik)

Die Schwerter repräsentieren im allgemeinen Mut, Kühnheit, Kraft, Stärke, Autorität, Aggression und Ehrgeiz. Diese Karten repräsentieren Aktivität, Fortschritt und Vollendung zum Guten oder Schlechten, manchmal Unglück und Unheil. Dies ist die Farbe der Führer und Krieger.

König der Schwerter

Der König der Schwerter mit langem, lockigen Haar sitzt in voller Rüstung strahlend auf seinem Thron. Auf seinen Schultern sind Epauletten mit Gesichtern zu sehen. Der König repräsentiert Macht, Autorität, Überlegenheit und das Gesetz. Er hält das Schwert der Autorität, das gleichzeitig Zeichen (Schwert) seines Satzes ist, aufrecht in seiner Rechten. Seine linke Hand ruht auf seinem kleinen gezogenen Schwert, das seine Autorität bestätigt und das, wann immer vonnöten, greifbar ist.

Divinatorische Bedeutung:
Eine aktive und entschlossene Person. Erfahrung. Kompetenz. Beherrschtheit. Beherrschen. Ein berufstätiger Mann. Rechtsanwalt. Arzt. Ingenieur. Den Dingen auf den Grund gehend. Gerechtigkeit. Kraft. Überlegenheit. Eine Person mit vielen Ideen, Gedanken und Vorhaben.

142

KÖNIG DER SCHWERTER

Umgekehrte Bedeutung:
Eine Person, die eine Sache bis zum Ruin verfolgen kann.
Grausamkeit. Konflikt. Selbstsucht. Sadismus. Eine gefährliche
und böse Person. Einer, der unnötige Unruhe und Trostlosig-
keit verbreitet. Perversion.

Königin der Schwerter

Beschreibung:
Die Königin der Schwerter erstrahlt in prächtigen Gewändern.
Sie ruht auf ihrem Thron mit aufrecht gehaltenem Schwert. Sie
ist eine schlagfertige und fähige Person. Ihre Linke ist wie in
einer Geste der Anerkennung oder Großzügigkeit erhoben.
Ihre Miene ist streng, aber geläutert. Sie ist eine Person, die
einen großen Verlust erlitten hat, und sie trägt ihr Unglück mit
Fassung.

KÖNIGIN DER SCHWERTER

Divinatorische Bedeutung:
Scharfsinn. Schlagfertigkeit. Eine Person mit scharfem Verstand. Scharfsicht in hohem Grade. Eine spitzfindige Person. Könnte eine Witwe oder traurige Frau bedeuten. Trauer. Entzug. Abwesenheit. Einsamkeit. Trennung. Eine, die großes Glück gekostet hat, jedoch gegenwärtig die Sorgen des Unglücks und des Umschwungs erfährt.

Umgekehrte Bedeutung:
Engstirnigkeit. Boshaftigkeit. Frömmelei. Falschheit. Rachsucht. Prüderie. Ein heimtückischer Feind. Eine launische Person.

144

RITTER DER SCHWERTER

Ritter der Schwerter

Beschreibung:
Der Ritter der Schwerter, der eine majestätische Rüstung trägt, sitzt auf seinem sich aufbäumenden Pferd und schwingt sein Schwert. Die Epaulette auf seiner linken Schulter zeigt ein Gesicht. Er ist der Verteidiger des Guten und der Gegner des Bösen. Er symbolisiert Ritterlichkeit und Tapferkeit. Er hat ein gutes Herz und ist mutig. Er ist der Vorreiter der Aktivität. Zu seinen Wesenszügen zählt ein einzigartiger Scharfsinn, der nicht offen gezeigt wird. Er ist aufmerksam und auf jegliches Unglück oder Kummer gefaßt.

Divinatorische Bedeutung:
Tapferkeit. Geschick. Fähigkeiten. Stärke und Schwung eines jungen Mannes. Heroisches Tun. Opposition und Krieg. Stürmisches, furchtloses Sich-ins-Ungewisse-Stürzen. Die nächstliegenden Karten werden die Einflüsse auf den Ritter bei seinem edlen Unterfangen anzeigen. Der Ritter ist ein Meister in der Kunst des richtigen Handelns und der Kriegsführung.

Unfähigkeit. Unvorsichtigkeit. Streit oder Ruin wegen einer Frau. Impulsive Mißgriffe. Eingebildeter Tor. Einfalt. Uneinigkeit.

Bube der Schwerter

Beschreibung:
Ein leichtfüßiger Bube der Schwerter trägt einen wunderschönen Hut und eine prächtige Tracht. Er steht fest auf dem Boden und hält ein Schwert in der linken Hand. Seine Rechte ruht auf einem Stab, den er bei Irreführung benutzt.

Divinatorische Bedeutung:
Diese Karte symbolisiert eine Person, die fähig ist, das Unbekannte oder das, was weniger augenscheinlich ist, wahrzunehmen, klar zu erkennen und zu enthüllen.

Qualität der Einsicht. Wachsamkeit. Behendigkeit. Spionage. Eine diskrete Person. Ein aktiver Jugendlicher. Eine flexible

BUBE DER SCHWERTER

Person, die unbekannten Gefahren gegenüber wach und aufmerksam ist.

Umgekehrte Bedeutung:
Als Hochstapler entschleiert. Unvorhergesehenes. Auch Krankheit ist möglich. Machtlosigkeit angesichts stärkerer Kräfte. Mangelnde Vorbereitung.

Zehn der Schwerter

Divinatorische Bedeutung:
Ruin. Schmerz. Pein. Traurigkeit. Geistiger Schmerz. Hoffnungslosigkeit. Tränen. Unglück. Schwierigkeiten. Enttäuschung. Kummer. Trauer.

Umgekehrte Bedeutung:
Nutzen. Profit. Zeitweiliger Gewinn. Verbesserung. Vorübergehender Erfolg. Zeitweilige Gunst. Momentaner Vorteil.

Neun der Schwerter

Divinatorische Bedeutung:
Elend. Besorgnis. Streit. Unglück. Fehlgriff. Angst um einen geliebten Menschen. Sorge. Verzweiflung. Leid.

Umgekehrte Bedeutung:
Zweifel. Verdacht. Verleumderisches Gerede. Schande. Skrupel. Schüchternheit. Zwielichtiger Charakter. Berechtigte Angst.

Acht der Schwerter

Divinatorische Bedeutung:
Krise. Große Not. Konflikt. Beherrschtwerden. Gefangenschaft. Aufruhr. Schlechte Nachrichten. Zensur. Kritik. Krankheit. Verleumdung.

Umgekehrte Bedeutung:
Verrat in der Vergangenheit. Schwierigkeiten. Harte Arbeit. Depressionen. Unruhe. Unfall. Verhängnis.

Sieben der Schwerter

Divinatorische Bedeutung:
Neue Pläne. Wünsche. Bemühungen aus Ungewißheit heraus.
Versuch. Streben. Hoffnung. Vertrauen. Phantasie. Vorhaben.

Umgekehrte Bedeutung:
Auseinandersetzung. Streitigkeiten. Zweifelhafter Rat oder
Ratschlag. Verleumdung. Geschwätz.

Sechs der Schwerter

Divinatorische Bedeutung:
Eine Fahrt oder Reise. Reisen. Weite See- oder Flugreise.
Versuch, Schwierigkeiten durchzustehen. Zweckmäßige Hal-
tung. Erfolg nach Besorgnis.

Umgekehrte Bedeutung:
Schachmatt. Unerwünschter Antrag. Keine sofortige Lösung
der gegenwärtigen Schwierigkeiten. Geständnis. Erklärung.

Fünf der Schwerter

Divinatorische Bedeutung:
Eroberung. Niederlage. Zerstörung anderer. Erniedrigung. Widersacher können auftauchen. Widerruf. Schlechter Ruf. Unehre.

Umgekehrte Bedeutung:
Unsichere Aussichten. Möglichkeit eines Verlustes oder einer Niederlage. Schwäche. Mögliches Unglück für einen Freund. Verführung. Begräbnis.

Vier der Schwerter

Divinatorische Bedeutung:
Aufschub. Erholung nach einer Krankheit. Ruhe. Nachschub. Einsamkeit. Exil. Zurückgezogenheit. Zeitweilige Isolierung. Verzicht.

Umgekehrte Bedeutung:
Aktivität. Umsicht. Vorsichtsmaßnahmen. Wirtschaftlichkeit. Abgesichertes Vorgehen. Der Wunsch, Verlorenes zurückzugewinnen.

150

Drei der Schwerter

Divinatorische Bedeutung:
Abwesenheit. Kummer. Enttäuschung. Zank. Beseitigung. Zerstreuung. Ablenkung. Opposition. Trennung. Verzögerung.

Umgekehrte Bedeutung:
Zerstreutheit. Verwirrung. Unordnung. Fehltritt. Fehler. Unverträglichkeit. Trennung. Geistige Ängste. Verlust. Entfremdung.

Zwei der Schwerter

Divinatorische Bedeutung:
Ausgeglichene Kraft. Harmonie. Standfestigkeit. Eintracht. Ausgleichende Faktoren. Schachmatt. Hingezogensein.

Umgekehrte Bedeutung:
Falschheit. Unwahrheit. Falsche Darstellung. Untreue. Unehre. Verrat. Falsche Freunde. Lügen.

As der Schwerter

Beschreibung:
Eine Hand, die aus einer Wolke hervorkommt, hält ein mächtiges Schwert, das von der Krone der Autorität umschlossen ist. Auf beiden Seiten des Schwertes wachsen Äste und Knospen. Sie bedeuten Fortschritt und Vorwärtskommen. Die Karte repräsentiert die Macht der Gerechtigkeit und das doppelschneidige Schwert des Gleichgewichtes.

Divinatorische Bedeutung:
Große Entschlossenheit. Stärke. Kraft. Aktivität. Maßlosigkeit. Sieg. Macht. Erfolg. Fruchtbarkeit. Wohlstand. Tiefe Gefühle. Liebe und Leidenschaft. Meisterschaft. Eroberung.

Umgekehrte Bedeutung:
Umsturz. Tyrannei. Großes Unglück. Selbstzerstörung. Gewalttätiger Charakter. Verlegenheit. Hindernis. Unfruchtbarkeit. Hemmnis.

Satz der Stäbe
(entspricht Kreuz)

Die Stäbe repräsentieren im allgemeinen Unternehmen und Wachsen. Fortschritt. Vorrücken. Belebung. Erfindung. Energie. Diese Karten repräsentieren auch bescheidene, einfache Menschen. Dies ist die Farbe des Schaffens und Arbeitens.

König der Stäbe

Beschreibung:
Der König der Stäbe hat einen edlen Gesichtsausdruck. Er sitzt auf seinem Thron und trägt die Krone der Autorität. In seiner rechten Hand hält er das Zeichen seines Satzes (Stäbe). Er ist treu und ergeben und strahlt väterliches Mitgefühl und ehrliches Bemühen aus.

KÖNIG DER STÄBE

Divinatorische Bedeutung:
Diese Karte repräsentiert eine ehrliche und gewissenhafte Person. Reife. Weisheit. Ergebenheit. Freundlichkeit. Sympathie. Bildung. Ein Gentleman, meist verheiratet. Väterlichkeit.

Umgekehrte Bedeutung:
Härte. Strenge. Etwas maßlose und übertriebene Ideen. Dogmatismus. Bedachtsamkeit.

Königin der Stäbe

Beschreibung:
Die Königin der Stäbe ist in wunderschöne Gewänder gekleidet und hält ein großes Szepter in ihrer Linken. Sie ruht auf ihrem Thron und trägt eine königliche Krone. Ihr langes Haar fließt über ihre Schultern. Sie ist eine realitätsverbundene Person mit gesundem Menschenverstand.

Divinatorische Bedeutung:
Eine sympathische und verständnisvolle Person. Freundlich. Liebevoll. Ehrenhaft. Keusch. Wirklichkeitsnah. Voll von weiblichem Charme und Anmut. Des sinnhaften Ausdrucks und der Liebe fähig. Gütige Gastgeberin. Ehrliches Interesse für andere Menschen.

Umgekehrte Bedeutung:
Eifersucht. Verrat. Mögliche Untreue. Schwankende Gefühle. Wankelmut. Widerstand. Hindernisse. Opposition.

Ritter der Stäbe

Beschreibung:
Ein gutaussehender junger Ritter der Stäbe hebt drohend, auf jeglichen Widerstand gefaßt, seine Keule. Er brennt darauf, den Ereignissen der Zukunft entgegenzutreten. Sein Antlitz zeigt keine Spur von Angst.

RITTER DER STÄBE

Divinatorische Bedeutung:
Aufbruch. Eine Reise. Vorrücken ins Unbekannte. Änderung.
Flucht. Abwesenheit. Wohnortwechsel.

Umgekehrte Bedeutung:
Unstimmigkeit. Unterbrechung. Unerwartete Veränderung.
Streit. Auseinandergehen persönlicher Beziehungen. Bruch.
Abbruch.

Bube der Stäbe

Beschreibung:
Der Bube der Stäbe hat eine zustimmungsvolle Haltung einge-
nommen. Er umfaßt mit beiden Händen einen großen Stab mit
abgeschnittenen Zweigen. Er könnte ein Bote oder Überbringer
ungewöhnlicher Neuigkeiten sein. Er ist ein Mensch mit Liebe
zur Natur.

BUBE DER STÄBE

Divinatorische Bedeutung:
Ein treuer und ergebener Mensch. Ein Gesandter. Geheimbote.
Ein anvertrauter Freund. Ein Fremder mit guten Absichten. Ein
beständiger Mensch. Ein Überbringer wichtiger Nachrichten.

Umgekehrte Bedeutung:
Unschlüssigkeit im Handeln. Widerstreben. Instabilität. Unfähig, Entscheidungen zu treffen. Ein Schwätzer. Überbringer
schlechter Nachrichten. Ein Mensch, der dein Herz brechen
könnte. Verdruß.

Zehn der Stäbe

Divinatorische Bedeutung:
Überlastet. Maßloser Druck. Probleme, die bald gelöst werden.
Das Bestreben, ein Ziel zu erreichen, ein bestimmtes Niveau
oder eine bestimmte Stellung zu halten. Machtausübung für
selbstsüchtige Zwecke möglich.

Umgekehrte Bedeutung:
Schwierigkeiten. Intrigen. Falschheit. Verrat. Ein Verräter. Ein
Betrüger. Vorwand. Einige Verluste werden erlitten.

Neun der Stäbe

Divinatorische Bedeutung:
Erwartung von Schwierigkeiten, Veränderungen und Leid.
Verborgene Feinde. Betrug. Disziplin. Ordnung. Eine Pause in
einem bestehenden Kampf.
Umgekehrte Bedeutung:
Hindernisse. Not. Probleme. Verzögerungen. Verdruß. Schicksalsschlag. Unheil. Zu überwindende Barrieren. Schlechte Gesundheit.

Acht der Stäbe

Divinatorische Bedeutung:
Rasches Handeln. Plötzlicher Fortschritt oder Bewegung.
Schnelligkeit. Eilig getroffene Entscheidungen. Zu schnelles
Vorgehen.

Umgekehrte Bedeutung:
Streit. Eifersucht. Belästigung. Meinungsverschiedenheit und
Herausforderungen. Überwindung erdrückender Umstände.
Vorteil. Sieg.

Sieben der Stäbe

Divinatorische Bedeutung:
Erfolg. Gewinn. Hindernisse und Herausforderungen überwinden. Widrigen Umständen erfolgreich begegnen. Vorteil. Sieg.

Umgekehrte Bedeutung:
Bestürzung. Angst. Verlegenheit. Unschlüssigkeit. Verluste bewirkendes Zögern. Ungewißheit. Unsicherheit. Zweifel.

Sechs der Stäbe

Divinatorische Bedeutung:

Eroberung. Sieg. Gute Nachrichten. Gewinn. Vorrücken. Erwartungen. Verwirklichte Wünsche. Früchte des Bemühens.

Umgekehrte Bedeutung:
Verzögerung auf unbestimmte Zeit. Angst. Befürchtungen. Untreue. Oberflächlicher Vorteil. Nicht überzeugender Nutzen.

Fünf der Stäbe

Divinatorische Bedeutung:
Unbefriedigte Wünsche. Kampf. Arbeit. Bemühen. Heftiger
Streit. Konflikt. Hindernisse.

Umgekehrte Bedeutung:
Schwindel. Widersprüchlichkeiten. Verworrenheit. Verwik-
keltsein. Vorsicht vor Unschlüssigkeiten!

Vier der Stäbe

Divinatorische Bedeutung:
Romanze. Gesellschaft. Harmonie. Neu erlangter Wohlstand.
Frieden. Seelenruhe. Die Früchte der Arbeit. Ruhe nach dem
Friedensschluß.

Umgekehrte Bedeutung:
Verlust der vollkommenen Seelenruhe. Unerfüllte Romanze.
Unsicherheit. Befleckte Schönheit. Unvollständiges Glück.

Drei der Stäbe

Divinatorische Bedeutung:
Praktisches Wissen. Geschäftlicher Scharfsinn. Stärke. Verhandlungen. Handel und Verkehr. Unternehmungen.

Umgekehrte Bedeutung:
Beistand aus verborgener Motivation. Verrat. Beendung der Not. Nimm dich vor angebotener Hilfe in acht.

 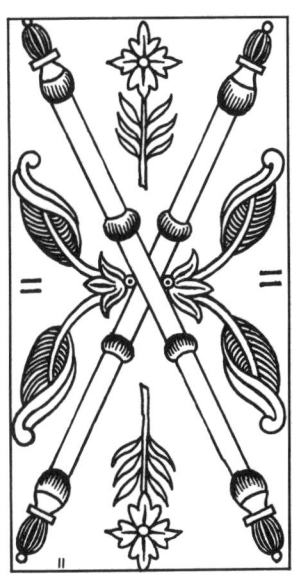

Zwei der Stäbe

Divinatorische Bedeutung:
Reifer Mensch. Herrscher. Verwirklichung der Ziele und Bedürfnisse. Furchtlosigkeit. Unternehmungsgeist. Eine dominierende Persönlichkeit.

Umgekehrte Bedeutung:
Traurigkeit. Schwierigkeiten. Einschränkung durch Dritte. Vertrauensverlust. Unerwartete Überraschung.

As der Stäbe

Beschreibung:
Die Hand des Lebens kommt aus einer Wolke hervor. Sie hält
eine große Keule, von der viele Blätter und Blumen abfallen,
was auf Fruchtbarkeit und Fortschritt und die Bewegung der
Lebenskräfte und vielleicht anstehende Erneuerung und Wiedergeburt hindeutet.

Divinatorische Bedeutung:
Schöpfung. Anfang. Erfindung. Beginn eines Unternehmens.
Glück. Vorhaben. Gewinn. Erbschaft. Geburt eines Kindes.
Anfang einer sinnvollen Erfahrung. Ein Abenteuer. Eskapade.

Umgekehrte Bedeutung:
Falscher Start. Unklarer Standpunkt. Unverwirklichtes Ziel.
Dekadenz. Hohles Dasein. Unannehmlichkeit. Annullierung
von Plänen.

Satz der Kelche
(entspricht Herz)

Die Kelche repräsentieren Liebe, Glück, Heiterkeit und Freude. Sie enthalten Wasser, das Symbol des Vergnügens und des Glücks. Diese Karten repräsentieren Leidenschaften und tiefe Gefühle. Dies ist der Satz des stark emotional gefärbten Menschen.

König der Kelche

Beschreibung:
Der König der Kelche, abgebildet mit langem Bart, umfaßt einen mächtigen Kelch mit seiner Rechten und hat den Fuß des Kelches auf seinem Knie ruhen. Er trägt eine Krone und prunkvolle, majestätische Gewänder. Er ist vernünftig und verantwortungsbewußt. Der König verkörpert einen gütigen und rücksichtsvollen Menschen, der friedfertig ist und sich für die Künste interessiert.

KÖNIG DER KELCHE

Divinatorische Bedeutung:
Verantwortung und Kreativität. Gebildete Person. Berufstäti-
ger. Geschäftsmann. Anwalt. Künstler. Religiöse Person. Wis-
senschaftler. Ein rücksichtsvoller Mensch. Gütig. Zuverlässig.
Verantwortungsvoll. Liberales Verhalten. An Künsten und
Wissenschaften interessiert. Großzügig.

Umgekehrte Bedeutung:
Künstlerisches Temperament. Falschheit. Unehrlichkeit. Skan-
dal. Verlust. Ruin. Ungerechtigkeit. Eine gerissene, tugendlose
Person. Durchtrieben in seiner Handlungsweise.

Königin der Kelche

Beschreibung:
Die Königin der Kelche hält einen mächtigen Kelch in der
rechten Hand. Sie ist in prunkvolle, majestätische Gewänder
gehüllt. Sie verkörpert eine liebevolle, ergebene und wirklich-
keitsnahe Person. Sie ist fähig, ihre Träume und Wunschbilder
in die Realität umzusetzen.

KÖNIGIN DER KELCHE

Divinatorische Bedeutung:
Eine warmherzige und gerechte Person. Poetisch. Geliebt. Angebetet. Gute Freundin und Mutter. Ergebene Ehefrau. Wirklichkeitsnah. Ehrlich. Besitzt verständnisvolle Intelligenz. Mit Weitblick gesegnet.

Umgekehrte Bedeutung:
Schwankende Ehrlichkeit. Mögliche Unsittlichkeit. Unehrlichkeit. Unzuverlässigkeit. Laster. Nicht vertrauenswürdig.

Ritter der Kelche

Beschreibung:
Der Ritter der Kelche reitet elegant auf seinem Pferd. Er balanciert einen eindrucksvollen Kelch in seiner rechten Hand und wirkt dabei nachdenklich. Er nähert sich seiner Bestimmung. Er trachtet nach dem Höchsten.

RITTER DER KELCHE

Eine Einladung oder Chance könnte bald auftauchen. Ankunft. Annäherung. Vorrücken. Anziehung. Verleitung. Appell. Ersuchen. Herausforderung. Antrag. Vorschlag.

Umgekehrte Bedeutung:
Verschlagenheit. List. Schwindel. Irreführung. Unterschlagung. Eine schlaue, gerissene Person. Eine Person, die des Schwindels fähig ist.

Bube der Kelche

Beschreibung:
Ein etwas bedachter und ernster Bube der Kelche trägt in seiner rechten Hand einen prächtigen Kelch aufrecht vor sich her. Er ist ein treuer und hilfsbereiter Mensch. Seine linke Hand hält einen Hut, Symbol des Gehorsams.

Divinatorische Bedeutung:
Ein bedachter und entschlossener Mensch. Nachdenklich. Meditativ. Treu. Bereit, einem bestimmten Ziel seine Dienste und

BUBE DER KELCHE

Bemühungen zu widmen. Eine hilfsbereite Person. Ein vertrauenswürdiger Arbeiter.

Umgekehrte Bedeutung:
Vorliebe. Abweichung. Beeinflußbarkeit. Zeitweilige Ablenkung. Verführung. Ein Schmeichler.

Zehn der Kelche

Divinatorische Bedeutung:
Heim. Wohnort. Glück. Freude. Vergnügen. Frieden. Liebe. Zufriedenheit. Gutes Familienleben. Ehre. Ansehen. Tugend. Ruf.

Umgekehrte Bedeutung:
Verlust einer Freundschaft. Unglück. Familienstreit. Kleinlichkeit. Wut. Kampf. Ringen. Opposition. Meinungsverschiedenheiten.

Neun der Kelche

Divinatorische Bedeutung:
Erfolg. Materielle Errungenschaft. Vorteil. Wohlbefinden.
Überfluß. Gute Gesundheit. Sieg. Überwundene Schwierig-
keiten.

Umgekehrte Bedeutung:
Fehltritte. Materieller Verlust. Unvollkommenheit. Wahrhaf-
tigkeit am falschen Platz. Falsche Freiheit. Opposition. Diffe-
renzen. Zank.

Acht der Kelche

Divinatorische Bedeutung:
Einstellung der Bemühungen. Enttäuschung. Aufgabe früherer
Pläne. Bescheidenheit. Verzicht auf Erfolg.

Umgekehrte Bedeutung:
Glück. Fortgesetztes Bemühen, bis der volle Erfolg erzielt ist.
Feststimmung. Freude. Heiterkeit. Festessen.

Sieben der Kelche

Divinatorische Bedeutung:
Träumerei. Unrealistische Auffassungen. Einbildung. Wachträume. Törichte Einfälle. Wunschdenken. Illusionärer Erfolg.

Umgekehrte Bedeutung:
Verlangen. Entschlossenheit. Starke Willenskraft. Ein fast erlangtes Ziel. Intelligente Wahl. Willen. Beschluß.

Sechs der Kelche

Divinatorische Bedeutung:
Erinnerungen. Vergangene Einflüsse. Kindheit. Nostalgie. Verblaßte Bilder. Sehnsucht.

Umgekehrte Bedeutung:
Die Zukunft. Aussichtsreiche Möglichkeiten. Kommende Ereignisse. Pläne, die scheitern könnten. Das, was sich bald ereignen wird.

Fünf der Kelche

Divinatorische Bedeutung:
Teilweiser Verlust. Reue. Freundschaft ohne tiefen Sinn. Ehe ohne echte Liebe. Unvollkommenheit. Makel. Erbschaft. Unvollkommene Verbindung oder Partnerschaft.

Umgekehrte Bedeutung:
Hoffnungsvolle Einstellung. Günstige Erwartungen. Neue Verbindungen. Affinität. Rückkehr eines alten Freundes. Wiedervereinigung.

 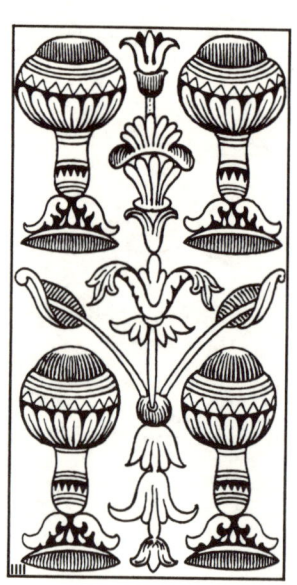

Vier der Kelche

Divinatorische Bedeutung:
Überdruß. Abneigung. Ekel. Enttäuschung. Unglück. Bittere Erfahrung. Festgefahrene Periode im Leben.

Umgekehrte Bedeutung:
Neue Möglichkeiten. Neue Beziehungen. Neue Einstellung zu alten Problemen. Neue Bekanntschaft. Neues Wissen.

Drei der Kelche

Divinatorische Bedeutung:
Lösung eines Problems. Abschluß. Trost. Heilung. Zufriedenstellendes Ergebnis. Vollendung. Kompromiß.

Umgekehrte Bedeutung:
Maßloses Vergnügen. Überfluß. Nutzlosigkeit. Prestigeverlust.
Verzögerungen. Geringschätzung.

Zwei der Kelche

Divinatorische Bedeutung:
Liebe. Beginnende oder erneuerte Freundschaft. Leidenschaft.
Vereinigung. Verlobung. Verständnis. Zusammenarbeit. Part-
nerschaft. Ehe.

Unbefriedigende Liebe. Unaufrichtige Freundschaft. Gestörte Beziehung. Scheidung. Trennung. Widrige Wünsche. Opposition. Unstimmigkeit. Mißverständnis.

As der Kelche

Beschreibung:
Ein großer verzierter Kelch symbolisiert große Fülle. Um den Kelch sprießen Zweige und Blumen, die Erneuerung und Wachstum symbolisieren.

Divinatorische Bedeutung:
Reichtum. Vollendung. Vollkommenheit. Freude. Fruchtbarkeit. Überfluß. Fülle. Glück. Ergiebigkeit. Schönheit und Vergnügen. Überfließende Güte. Günstige Perspektiven.

Umgekehrte Bedeutung:
Veränderung. Verwandlung. Haltlosigkeit. Sterilität. Unerwiderte Liebe. Umschattetes Glück. Unaufrichtigkeit.

Satz der Münzen
(entspricht Karo)

Die Münzen repräsentieren gewöhnlich materielle und finanzielle Angelegenheiten. Dies kann in Form von Geld, Beruf, materiellem Gewinn, geschäftlicher Entwicklung usw. zum Ausdruck kommen. Diese Karten stehen für Sensibilität und Verwicklungen. Dies ist das Symbol des Händlers und Gewerbetreibenden.

KÖNIG DER MÜNZEN

König der Münzen

Beschreibung:
Der König der Münzen sitzt auf seinem Thron und zeigt eine riesige Münze, das Zeichen seines Satzes. Sein Gesichtsausdruck ist der eines erfahrenen, fähigen und wohlhabenden Menschen. Er ist in prächtige, blaue Gewänder gekleidet und trägt einen breitkrempigen Hut in Form einer Acht. Seine Beine sind gekreuzt, was auf Vertrauen und Können schließen läßt.

Divinatorische Bedeutung:
Ein erfahrener und erfolgreicher Führer. Ein intelligenter
Mensch mit Charakter. Scharfsinn in geschäftlichen Dingen.
Mathematisches Talent. Treuer Freund. Verläßlich in der Ehe.
Erfolgreicher Geschäftsmann. Kluges Investieren. Veranla-
gung, ohne große Schwierigkeiten in den Besitz von Geld und
Reichtümern zu kommen.

Umgekehrte Bedeutung:
Korruption. Skrupelloses Vorgehen, um das erwünschte Ziel
zu erlangen. Laster. Geiz. Untreue. Ein alter bösartiger Mann.
Risiko. Gefahr. Verschwendung.

Königin der Münzen

Beschreibung:
Die Königin der Münzen hält die prächtige Münze ihrer Kartenfarbe empor. Ihr Gesicht drückt Intelligenz, Bewußtheit und
Großzügigkeit aus. In ihrer linken Hand trägt sie ein reichge-
schmücktes, goldenes Szepter. Sie steht vor ihrem Thron im
vollen Blickfeld ihrer Untertanen.

Wohlstand und Wohlergehen. Reichtum. Fülle. Luxus. Überfluß. Maßloser Komfort. Großzügigkeit. Sicherheit. Freiheit. Größe. Anmut. Würde. Eine reiche, aber großzügige und mildtätige Person. Eine edle Seele.

Umgekehrte Bedeutung:
Unehrlich angeeigneter Wohlstand. Spannung. Verdacht. Vernachlässigte Verantwortungen. Heimtückische Person. Mißtrauische Person. Angst vor einer Niederlage.

Ritter der Münzen

Beschreibung:
Der Ritter der Münzen sitzt majestätisch auf seinem Pferd, hinter sich am Himmel die prunkvolle Münze seines Satzes. Beide, Ritter und Pferd, drücken Vertrauen und Tatkraft aus. Der Ritter ist ein Materialist. Er hat die Fähigkeit, fast alle gesteckten Ziele auch zu verwirklichen.

Divinatorische Bedeutung:
Eine reife, verantwortungsvolle, fähige Person. Zuverlässig. Methodisch. Geduldig. Beharrlich. Fähigkeit, eine Aufgabe zu Ende zu bringen. Fleißig. Gut organisiert.

Umgekehrte Bedeutung:
Stagnation. Nachlässigkeit. Trägheit. Mangel an Entschlossenheit oder Richtung. Engstirnigkeit. Durch dogmatische Ansichten eingeengt. Faulheit.

Bube der Münzen

Beschreibung:
Der klar gezeichnete Bube der Münzen trägt eine prächtige Münze in seiner Rechten vor sich her. Er blickt starr nach vorne, erscheint träumerisch und als sei er sich dessen, was um ihn herum ist, nicht bewußt. Zu seinen Füßen befindet sich eine zweite Münze, in seiner Nähe sprießen als Zeichen des Überflusses Sträucher aus dem Boden.

Divinatorische Bedeutung:
Tiefe Konzentration und Aufmerksamkeit. Studium. Stipendium. Reflexion. Achtung vor Wissen. Verlangen nach Bildung und neuen Ideen. Wohltäter. Überbringer von Neuigkeiten.

Umgekehrte Bedeutung:
Eine unrealistische Person. Versäumnis, offensichtliche Tatsachen zu erkennen. Verzettelung in Ideen. Unlogisches Denken. Widerspenstigkeit. Verschwendungssucht. Verlust. Schlechte Nachrichten.

Zehn der Münzen

Divinatorische Bedeutung:
Wohlstand. Reichtum. Sicherheit. Gefahrlosigkeit. Familie. Vorfahren. Erbschaft. Familienangelegenheiten. Heim. Bleibe.

Umgekehrte Bedeutung:
Unvorteilhaftes Wagnis. Schlechte Chancen. Möglicher Verlust. Risiko. Raubüberfall. Verlust einer Erbschaft. Vergeudung. Spielen.

Neun der Münzen

Divinatorische Bedeutung:
Errungenschaft. Urteilskraft. Diskretion. Voraussicht. Sicherheit. Klugheit. Materielles Wohlergehen. Liebe zur Natur.

Umgekehrte Bedeutung:
Bedrohte Sicherheit. Schurkenstreich. Zerstreuung. Gefahr. Stürme. Unehrlichkeit. Möglicher Verlust einer geschätzten Freundschaft oder eines sehr geschätzten Besitzes.

Acht der Münzen

Divinatorische Bedeutung:
Lehrzeit. Handwerkskunst. Schnelle Auffassungsgabe. Aufrichtigkeit. Freimütigkeit. Bescheidenheit. Handarbeit. Persönliches Bemühen.

Umgekehrte Bedeutung:
Mangelnder Ehrgeiz. Eitelkeit. Borniertheit. Ernüchterung. Wucher. Heuchelei. Schmeichelei. Intrige.

Sieben der Münzen

Divinatorische Bedeutung:
Einfallsreichtum. Wachstum. Harte Arbeit. Fortschritt. Erfolgreiche Geschäfte. Geld. Reichtum. Schätze. Gewinn.

Umgekehrte Bedeutung:
Angst. Ungeduld. Unwohlsein. Unvorsichtiges Handeln. Verlust von Geld. Unkluge Investitionen.

Sechs der Münzen

Divinatorische Bedeutung:
Großzügigkeit. Menschenfreundlichkeit. Nächstenliebe. Güte. Belohnung. Geschenke. Materieller Gewinn.

Umgekehrte Bedeutung:
Gier. Selbstsucht. Neid. Eifersucht. Von sich selbst nichts gebend. Hohe Schulden. Unbezahlte Darlehen.

Fünf der Münzen

Divinatorische Bedeutung:
Materielle Schwierigkeiten. Armut. Verlust. Niederlage. Fehltritt. Verarmung. Geliebte. Liebhaber. Zärtlichkeit.

Umgekehrte Bedeutung:
Umschwung einer schlechten Tendenz. Neuerwachtes Interesse am Leben. Überwindung des Ruins. Disharmonie in der Ehe oder in Liebesdingen.

Vier der Münzen

Divinatorische Bedeutung:
Liebe zu materiellem Reichtum. Hamsterer. Wucherer. Knauser. Geizhals. Kleinlicher Mensch. Unfähigkeit zu teilen.

Umgekehrte Bedeutung:
Verschlechterung der materiellen Umstände. Hindernisse. Widerstände gegen weiteren Gewinn. Ungewißheit und Verzögerungen. Verschwender.

Drei der Münzen

Divinatorische Bedeutung:
Großes Geschick in Gewerbe oder Arbeit. Meisterliches Können. Perfektion. Künstler. Begabung. Würde. Renommé. Rang. Macht.

Umgekehrte Bedeutung:
Nachlässigkeit. Mittelmäßigkeit. Mindere Qualität. Geldprobleme. Abgedroschene Ideen. Mangelndes Geschick. Befangenheit.

Zwei der Münzen

Divinatorische Bedeutung:
Schwierigkeiten beim Ankurbeln neuer Projekte. Schwierige Situationen tauchen auf. Neue Unannehmlichkeiten. Verlegenheit. Sorgen.

Umgekehrte Bedeutung:
Literarische Begabung. Gewandtheit. Vorgetäuschtes Vergnügen. Gezwungene Fröhlichkeit. Brief. Nachricht. Botschaft.

As der Münzen

Beschreibung:
Eine große Münze bedeutet sehr günstige Aussichten und
Wohlstand. Diese Karte symbolisiert die Verwirklichung von
sich ergänzenden Ideen.

Divinatorische Bedeutung:
Vervollkommnung. Fertigkeiten. Wohlstand. Glück. Großer
Reichtum. Glückseligkeit. Ekstase. Gold. Wertvolle Münzen
oder Kunstgegenstände. Die Verbindung von materiellem und
spirituellem Glück.

Umgekehrte Bedeutung:
Wohlstand ohne Glück. Mißbrauchter Reichtum. Vergeudetes
Geld. Korruption durch Geld. Knauserigkeit. Habsucht.
Falschgeld.

KAPITEL VI

Das Legen der Großen Arkana

Die Praxis des Tarotspiels geschieht beim Mischen, Legen und Deuten der Karten. Manche Menschen sind zweifellos mit der Gabe der Vorahnung und Intuition geboren; andere wiederum entwickeln einen 6. Sinn oder ein Geschick für das Wahrsagen. Die allegorischen Karten des Tarotspiels stimulieren den Geist und enthüllen eine Geschichte, die auf der Bedeutung jeder einzelnen Karte basiert und von der Interpretation des Deuters ganz nach dessen Wahrnehmungsvermögen abhängt. Fatalisten, die an die Vorbestimmung glauben und daran, daß unser Leben nach einem prädestinierten Muster abläuft, sind dem Wahrsagen und Hellsehen gegenüber gewöhnlich aufgeschlossener, weil sie das Vorhandensein von vorbestimmten Lebensmustern, Eric Berne nennt es Lebensskripten, akzeptieren.

Allerdings wird auch anerkannt, daß das Kartenlegen den Geist auf das Vorhandensein künftiger Möglichkeiten aufmerksam macht, die ansonsten übersehen worden wären. Jemand, der nach gegebenem, feststehenden Muster vorgeht, kann trotzdem letztlich den Lauf der Dinge beträchtlich beeinflussen, wenn er Zugang zu neuen Möglichkeiten findet und sich bemüht, diese mit einzubeziehen. So sind wir wirklich unseres Glückes Schmied und fähig, unser Schicksal innerhalb bestimmter Grenzen zu verändern und zu gestalten. Es gibt zahlreiche Methoden, den Tarot zu legen und einige sind recht kompliziert und mühsam. Eine der ältesten und wirkungsvollsten Arten, das Legen des Zehnermusters, verwendet lediglich die 22 Großen Arkana, obwohl auch das gesamte Spiel verwendet werden kann (siehe Kapitel VII). Wenn man das Tarotlegen und Deuten erst einmal öfter geübt hat, ist diese Methode ganz natürlich und einfach anzuwenden.

Die 56 Karten der Kleinen Arkana werden beiseite gelegt. Der Wahrsager, auch Kartenleser oder Deuter genannt, ordnet die Karten in der Zahlenfolge von I bis XXI. Die unnumerierte Karte mit dem Symbol »der Narr« wird entweder an den Anfang des Spiels, in die Mitte, zwischen die Karten XX und

XXI oder aber ganz an den Schluß des Spiels gelegt. Gewöhnlich legt man den Narren am besten an den Anfang des Spiels vor den Magier und zwar mit der Bildseite nach oben. Man ordnet das Spiel so, daß der Narr mit der Bildseite nach unten zuunterst liegt, wenn das 22-Karten-Spiel verdeckt auf den Tisch gelegt wird.

Derjenige, der eine Antwort auf eine Frage sucht, oder der eine allgemeine Lesung der Vergangenheit, Gegenwart und Zukunft vom gegenwärtigen Standpunkt wünscht, wird Fragender oder Fragesteller genannt. Der Fragesteller sitzt dem Wahrsager am Tisch gegenüber. Beide Personen sollten sich um Ernsthaftigkeit bemühen. Störende äußere Einflüsse wie Unterhaltungen oder grelles Licht sollten nicht vorhanden sein. Der Fragende sollte versuchen, seinen Geist frei von Gedanken oder Wünschen zu machen, außer der konkreten oder auch allgemeinen Frage, die er dem Wahrsager laut stellt, während er die Karten gleichzeitig verdeckt mischt.

Durch das Mischen werden die Karten mit der persönlichen Ausstrahlung des Mischenden aufgeladen und so kommt eine Verbindung zwischen den bewußten und unbewußten Ebenen des Geistes und den Karten zustande. Die Karten können entweder von einer Hand in die andere oder durch das Ineinanderlaufenlassen der Karten gemischt werden (das Spiel wird in zwei Teile geteilt und du läßt mit dem Daumen die Kanten ineinanderlaufen, so daß sich die Karten vermischen). Das Mischen *muß* von der Person, die eine Deutung oder Vorhersage für sich selbst oder eine Antwort auf eine Frage wünscht, durchgeführt werden und nicht vom Wahrsager, Kartenleser oder Deuter. Die Reihenfolge der Karten wird sowohl bewußt als auch unbewußt durch die Art des Mischens vom Fragesteller bestimmt, wobei er die Karten nicht anschauen darf. Damit hat der Fragesteller einen unvorhersehbaren, doch offensichtlichen und direkten Einfluß auf die Karten, der beim Legen und in der Lesung zum Tragen kommt.

Wenn der Fragesteller die Karten genügend gemischt hat, legt er das Spiel mit der Bildseite nach unten auf den Tisch vor den Wahrsager. Es ist meist besser, einen Tisch mit einer dunklen Tischplatte zum Wahrsagen zu benützen anstelle z.B.

eines weißen Küchentisches oder einer weißen Theke, die den Wahrsager ablenken könnte. Die Karten werden immer von der Sicht des Wahrsagers aus betrachtet. Der Wahrsager deckt nun die ersten sechs Karten auf, wobei er mit der obersten verdeckten Karte als Nummer Eins anfängt, dann mit der zweiten als Nummer Zwei und so weiter fortfährt und die Karten offen auf den Tisch legt, und zwar in der Reihenfolge, wie es das Bild auf Seite 189 zeigt.

Der Wahrsager sollte die Karten von links nach rechts aufdecken, um sicherzugehen, daß die Karten weiterhin in dieselbe Richtung zeigen, in der sie der Fragesteller auf den Tisch gelegt hat. Die Karten, die dem Wahrsager zugewandt sind, werden positiv interpretiert, und die Karten, die dem Fragesteller zugewandt sind, werden als verkehrt oder auf den Kopf gestellt betrachtet. Dadurch haben sie eine schwache, verzögernde oder sogar entgegengesetzte Bedeutung. Falls die erste vom Wahrsager aufgedeckte Karte verkehrt oder auf dem Kopf steht, sollte der Wahrsager die erste Karte umdrehen, damit sie richtig herum liegt, und die restlichen 9 Karten ebenfalls von unten nach oben aufdecken, so daß die Richtung jeder Karte umgedreht wird, da der Fragesteller das ganze Spiel unbedacht verkehrt vor den Wahrsager gelegt haben könnte.

Die richtige Art und Weise, die Karten aufzudecken, wird in folgendem Bild veranschaulicht:

Der Wahrsager deckt die Karten von links nach rechts auf.

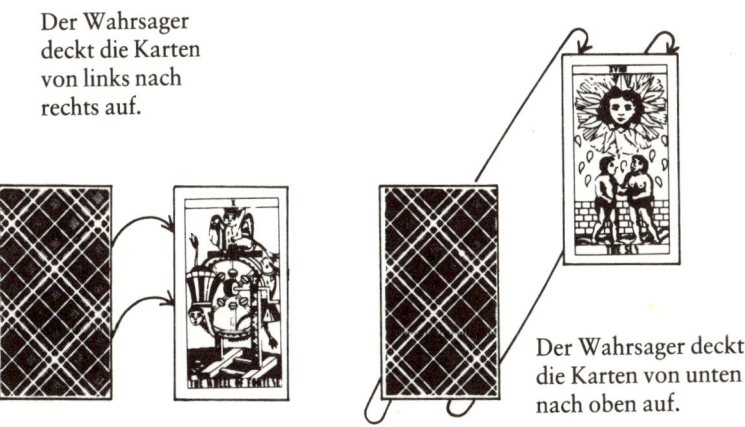

Der Wahrsager deckt die Karten von unten nach oben auf.

185

Das Aufdecken der Karten

Steht mehr als die Hälfte der Karten auf dem Kopf, kann der Wahrsager durch Umdrehen der verkehrten Karten in ihre aufrechte Position eine folgerichtigere und bedeutungsvollere Lesung erzielen.

Die Reihenfolge, in der die Karten im Zehn-Karten-Bild ausgelegt werden, ist wie folgt:

KARTE Nr. 1 – *Gegenwärtige Position:* Die Atmosphäre, in der der Fragesteller gegenwärtig arbeitet und lebt. Zeigt den Einflußbereich, in welchem der Fragesteller momentan existiert und die Situation, auf die die anderen Strömungen treffen. Diese Karte repräsentiert den Fragesteller.

KARTE Nr. 2 – *Unmittelbarer Einfluß:* Zeigt die Art des positiven Einflusses oder der Hindernisse, die direkt vor einem liegen. Diese Karte wird überkreuz auf die Karte Nr. 1 gelegt.

KARTE Nr. 3 – *Ziel oder Schicksal:* Zeigt die Bestimmung oder das Schicksal des Fragestellers. Das Optimale, das vom Fragesteller im Hinblick auf die bestehenden Umstände erreicht werden kann. Diese Karte kann auch das Ziel oder Ideal des Fragenden in einer bestimmten Angelegenheit darstellen, die zur Gegenwart in Beziehung steht. Diese Karte ist die Krone in der Entwicklung des Fragestellers.

KARTE Nr. 4 – *Entfernte, vergangene Grundlage:* Zeigt die allgemeinen und grundlegenden Ereignisse und Einflüsse, die in der Vergangenheit existiert haben und aus welchen die gegenwärtigen Ereignisse resultieren. Die Grundlage der schon Wirklichkeit gewordenen Tatsachen, die dem Fragesteller innewohnen. Diese Karte wird neben den Fragenden (Karten 1 u. 2) gelegt.

KARTE Nr. 5 – *Jüngere Vergangenheit:* Zeigt den Einflußbereich oder die Ereignisse der jüngeren Vergangenheit oder gerade vorübergehende Einflüsse. Die Karte kann auch weiter entfernt liegende Einflüsse, die jüngere Ereignisse besonders stark geprägt haben, repräsentieren. Diese Karte liegt hinter dem Fragesteller.

KARTE Nr. 6 – *Zukünftiger Einfluß:* Zeigt den Einflußbereich, der sich in naher Zukunft formen wird. Diese Karte liegt vor dem Fragesteller.

Nachdem der Wahrsager die obengenannten 6 Karten gedeutet hat, fährt er damit fort, die nächsten 4 Karten des Stapels aufzudecken, indem er sie übereinander in einer Reihe zur Rechten der vorhergehenden Karte – siehe Bild – auslegt.

KARTE Nr. 7 – *Der Fragesteller:* Zeigt den Fragesteller in seiner gegenwärtigen Position oder seine Einstellung innerhalb der ihn umgebenden Umstände. Versucht den Fragesteller ins richtige Licht zu rücken.

KARTE Nr. 8 – *Umweltfaktoren:* Zeigt den Einfluß des Fragestellers auf andere und seine Position im Leben. Enthüllt jene Tendenzen und Faktoren bezüglich anderer Personen, die Einfluß auf den Fragesteller haben könnten.

KARTE Nr. 9 – *Innere Gefühle:* Innere Hoffnungen, Befürchtungen, Ängste und verborgene Gefühle des Fragestellers sowie jene Gedanken, die in der Zukunft im Geist des Fragestellers auftauchen werden. Diese Karte kann auch Geheimnisse enthüllen, die der Fragesteller vor anderen Leuten verborgen hält, und tief versteckte Beweggründe im Fragenden.

KARTE Nr. 10 – *Endergebnis:* Zeigt den Höhepunkt und das Ergebnis, das durch alle Einflüsse, wie sie durch die anderen Karten in der Divination offenbart wurden, in Gang gesetzt wird, vorausgesetzt, daß die Ereignisse und Einflüsse wie angezeigt weiterlaufen.

Nachdem der Wahrsager jede einzelne Karte gedeutet hat, sollte er nochmals von vorne anfangen und die Karten in Bezug zueinander deuten. Zum Beispiel: Karte Nr. 4 – weiter zurückliegende Grundlage – könnte ein ähnliches Thema wie Karte Nr. 5 – kürzlich geschehene Ereignisse – andeuten. Ebenfalls könnte eine auffallende Verbindung zwischen Karte Nr. 1 –

gegenwärtige Position – und Karte Nr. 7 – der Fragesteller – bestehen. Die Karte Nr. 6 – zukünftiger Einfluß – und die Karte Nr. 3 – Ziel oder Schicksal – könnten die Tendenz zukünftiger Möglichkeiten offenbaren. Karte Nr. 9 – Innere Gefühle – gewährt oftmals einen Einblick in innere Regungen, Befürchtungen und Ängste des Fragestellers, was bei der Erklärung der Bedeutung der anderen aufgedeckten Karten hilft.

Die Beziehung zwischen mehreren Karten kann auf eine Tendenz oder ein Muster schließen lassen. Die Karten können das sich verändernde Lebensmuster des Fragestellers und den Bereich der neuen Zielrichtung, auf die er zustrebt, offenbaren. Die Beziehungen der zehn aufeinanderfolgenden Positionen im Zehner-Bild können von Lesung zu Lesung variieren, da der Fragesteller einem oder mehreren sich überschneidenden Einflüssen ausgesetzt sein kann. Aus diesem Grunde sollte der Wahrsager versuchen, die Karten als Bild zu deuten, so wie es ihm am treffendsten scheint. Bedenke immer, daß die Titel der Karten, die Vorschläge zum Deuten der Karten, und der kennzeichnende Name jeder der zehn aufeinanderfolgenden Positionen im Kartenbild als Anregungen gedacht sind. Der Kartendeuter sollte durch Übung und Intuition dahin gelangen, die Karten frei zu interpretieren, indem er offen ist für eigene, ihm intuitiv kommende Deutungen und Ideen.

Oftmals stellt die Antwort oder Anleitung, die der Fragesteller zum Zeitpunkt des Kartenmischens sucht, nur einen kleinen Teil des Gesamtbildes der Lesung dar. Die Karten können Gefühlsregungen, Emotionen und Wünsche andeuten. Sie können für Objekte und Personen stehen. Sie können Umstände und Zeitdauer anzeigen. Die Deutung jeder Karte, sowohl einzeln als auch im Zusammenhang mit den anderen Karten, wird nur von der Gesamtwahrnehmung und der Begabung des (Wahrsagers oder) Deutenden beschränkt. Auf diese Weise verraten die Karten oft viel mehr über den Fragesteller als nur eine Antwort auf die ursprüngliche Frage zu geben.

Nachdem eine Lesung abgeschlossen ist, und bevor man eine neue Lesung beginnt, sollte der Wahrsager nicht vergessen, die Karten wieder in ihre ursprüngliche Reihenfolge zu bringen, um die Schwingungen und Einflüsse in den Karten aus der eben abgeschlossenen Lesung zu löschen. Einem Fragesteller sollte man nicht mehr als eine Lesung pro Tag gestatten, um jegliche Verwirrung zu vermeiden, die aufgrund der fortwährenden Veränderungen von Schwingungen und Einflüssen entstehen könnte. Das soll jedoch nicht heißen, daß eine zweite Lesung eine Deutung erbringt, die der vorhergehenden Lesung widerspricht, was bedeutet, daß Schwingungen und Einflüsse von einem Augenblick zum andern an Intensität verlieren oder gewinnen und so Verwirrung erzeugen können. Eine Lesung am Tag für einen Fragesteller zeigt die klarste und umfassendste Deutung.

Das Legen mit zehn Karten kann auch mit einem 42-Karten-Spiel gemacht werden, indem man die Karten der Großen Arkana, die 16 Hofkarten sowie die 4 Asse jedes Satzes verwendet. Dazu nimmt der Wahrsager die 36 von 10 bis 2 numerierten Karten der vier Sätze aus dem Spiel.

Bevor der Fragesteller das 42-Karten-Spiel mischt, sollte der Wahrsager die Karten in folgender Reihenfolge ordnen:

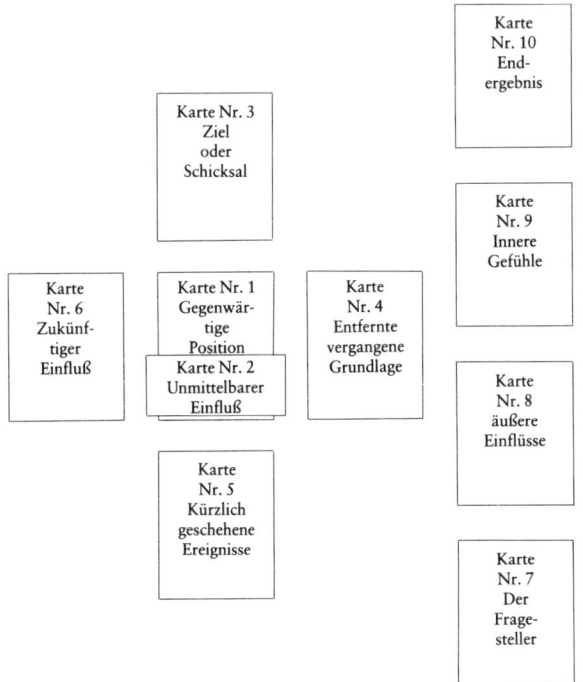

As der Schwerter, gefolgt von Bube, Ritter, Königin und König der Schwerter; As der Stäbe, gefolgt von den Hofkarten in der gleichen Reihenfolge; As der Kelche und ihre Hofkarten; As der Münzen und ihre Hofkarten. Der Narr folgt auf den König der Münzen und die von I bis XXI numerierten Karten der Großen Arkana schließen sich daran an. Vor dem Mischen also liegt das As der Schwerter mit der Bildseite nach unten auf dem Tisch.

KAPITEL VII

Das Tarotlegen

Das Legen nach dem Zehnersystem, das im vorhergehenden Kapitel beschrieben wurde, ist sowohl das weitestverbreitete als auch das älteste und bekannteste Kartenbild für Tarotlesungen. Es ist die aussagekräftigste Legemethode, wenn man nur die Großen Arkana verwendet und sie wird gelegentlich mit 42 Karten, wie eben beschrieben, angewandt.

Das Legen mit zehn Karten

Das gleiche Zehn-Karten-Bild kann auch unter Verwendung der gesamten 78 Karten gelegt werden. Der Deutende ordnet zuerst das gesamte Spiel in folgender Weise:

Alle Schwerter vom As zum König, alle Stäbe vom As zum König, alle Kelche vom As zum König und alle Münzen vom As zum König, gefolgt von dem Narren und den Großen Arkana von I bis XXI. So ist das As der Schwerter die Karte, die direkt auf dem Tisch liegt, wenn das Spiel mit der Bildseite nach unten vor den Fragesteller zum Mischen gelegt wird.

Große
Arkana

Münzen

Kelche

Stäbe

Schwerter

Reihenfolge des gesamten Tarotspiels

Man geht dann in der Art des Zehn-Karten-Bildes so vor, wie es im vorhergehenden Kapitel erklärt wurde, nur eben unter Verwendung des gesamten Spiels von 78 Karten.

Das Legen mit sieben Karten

Das Sieben-Karten-Bild ist besonders angezeigt, wenn man eine Antwort auf eine Ja- oder Nein-Frage erhalten möchte. Wenn vier oder mehr Karten auf dem Kopf stehen, ist die Antwort eher nein, oder die Wahrscheinlichkeit eines Jas ist gering, oder es handelt sich um ein verzögertes Ja.

Der Wahrsager ordnet die Karten der Großen Arkana und reicht dann dem Fragesteller die Kleinen Arkana zum Mischen. Dieser gibt die obersten elf Karten verdeckt auf den Stapel der Großen Arkana. Die übrigen 45 Kleinen Arkana-Karten werden beiseite gelegt.

Der Fragesteller mischt erneut den entstandenen Stoß der 33 Karten (11 der Kleinen Arkana und die 22 der Großen Arkana) während er die zu beantwortende Frage laut wiederholt.

Der Fragesteller legt dann die obersten 7 Karten verdeckt von links nach rechts, wie abgebildet, aus:

VERGANGENHEIT   GEGENWART   ZUKUNFT

Entfernte Vergangenheit | Unmittelbare Vergangenheit | Gegenwärtige Einflüsse | Gegenwärtige Hindernisse | Gegenwärtige Perspektiven | Zukünftige Einflüsse | Ergebnisse Resultat

Das Sieben-Karten-Bild

Vergangenheit

Entfernte Vergangenheit: Diese Karte zeigt die allgemeinen und grundlegenden Ereignisse und Einflüsse, die im vergangenen Leben des Fragestellers stattgefunden haben und auf welchen viele der gegenwärtigen Ereignisse aufbauen. Sie zeigt das Gedanken- und Ereignismuster, das im Fragenden latent ist und das im weitesten Sinne seine gegenwärtigen Ansichten, Einstellungen und Erfolge bzw. Mißerfolge ausmacht.

Unmittelbare Vergangenheit: Diese Karte zeigt ein oder mehrere kürzlich geschehene Ereignisse im Leben des Fragestellers, die einen bestimmten Einfluß auf ihn hatten und die entweder abgeschlossen sind oder gerade zu Ende gehen.

Gegenwart

Gegenwärtige Einflüsse: Diese Karte ist oftmals mit der vorhergehenden Karte, »Unmittelbare Vergangenheit«, verbunden. »Gegenwärtige Einflüsse« zeigt jene Einflüsse oder Ereignisse, die momentan auf den Fragesteller einwirken und die seine augenblickliche Einstellung, die in den beiden folgenden Karten dargestellt wird, beeinflussen.

Gegenwärtige Hindernisse: Diese Karte repräsentiert den Einflußbereich, der ein Hindernis oder eine Gefahr für den Fragesteller darstellt. Eine anscheinend günstige Karte könnte eine Ablenkung oder ein nicht zielgerichtetes Wirken des Fragestellers andeuten, das ihn von seinen wahren Zielen abbringen könnte.

Gegenwärtige Perspektive: Diese Karte ist gewöhnlich eine Fortsetzung der vorhergehenden Karten, »Gegenwärtige Einflüsse« vermischt mit »Gegenwärtigen Hindernissen«. Diese Karte weist auf die mögliche zukünftige Expansion, begründet auf den momentanen Einflußbereich, in dem der Fragesteller lebt und wirkt.

Zukunft

Zukünftige Einflüsse: Diese Karte ist eine Fortsetzung aller Einflüsse in den gegenwärtigen Umständen des Fragestellers, zusammen mit dem umfassenden Hintergrund seiner Vergangenheit. Sie zeigt den Einfluß, der in der nahen Zukunft allgemein dominant sein wird.

Endergebnis: Diese Karte repräsentiert den Zielpunkt, der durch alle früheren Einflüsse, die in der Wahrsagung von den Karten offenbart werden, bedingt wird – vorausgesetzt, daß die Ereignisse und Einflüsse innerhalb der möglichen Grenzen wie angezeigt stattfinden, da es zu keiner Anpassung oder Verhaltensänderung seitens des Fragestellers kommt.
Der Wahrsager deutet die 7 Karten in der oben beschriebenen Reihenfolge ihrer Bedeutung. Aus den symbolischen Bildern auf den Karten und der divinatorischen Bedeutung jeder Karte kristallisiert sich eine Geschichte, die bildhaft Vergangenheit, Gegenwart und Zukunft des Fragenden erhellt.
Wie schon erwähnt, haben umgekehrte Karten eine abgeschwächte, verzögerte oder entgegengesetzte Bedeutung. Falls die erste Karte umgekehrt ist, deckt der Wahrsager die übriggebliebenen obersten 6 Karten von oben nach unten statt von links nach rechts auf.

Das Legen von Namens-Karten

Dieses Kartenbild nutzt den wichtigen Aspekt des einzelnen Fragestellers, mit dem er von Geburt an verbunden und genannt worden ist, nämlich seinen vollen Namen. Beim Legen der Namens-Karten wird das gesamte Tarotspiel verwendet.
Nachdem der Fragesteller die Karten gemischt hat, während er seine Frage gleichzeitig laut stellte, legt der Deuter so viele Karten wie im vollen Namen des Fragestellers Buchstaben sind, unverdeckt aus.
Zum Beispiel, wenn der volle Name des Fragestellers, der aus 22 Buchstaben besteht, *Robert Edwin Southworth* ist, legt

der Wahrsager die ersten 21 Karten in drei Reihen von links
nach rechts folgendermaßen aus:

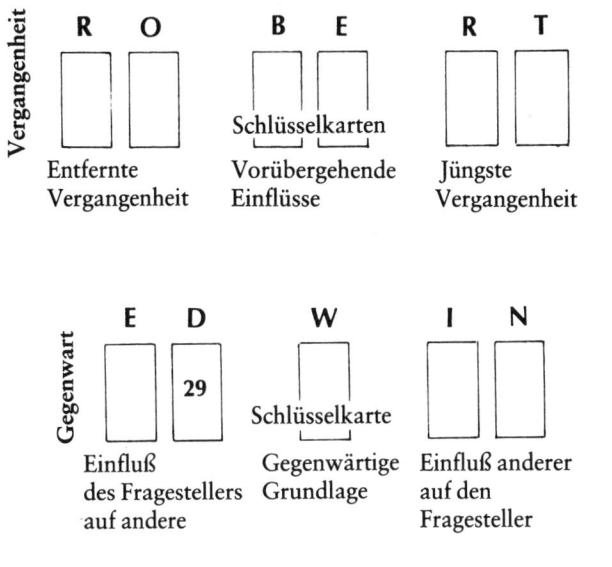

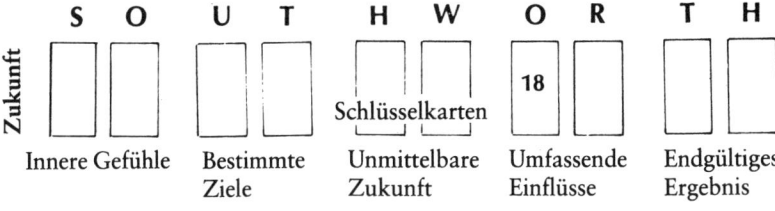

Falls der Fragesteller keinen zweiten Rufnamen hat, wird die Anzahl der Karten in der ersten Reihe in der mittleren Reihe wiederholt. Falls der erste oder zweite Rufname des Fragestellers aus weniger als drei Buchstaben besteht oder der Familienname aus weniger als fünf Buchstaben, werden die Reihen mit jeweils drei, drei und fünf Karten, die jeweils den ersten, zweiten und letzten Namen repräsentieren, ausgelegt. Die mittlere Karte jeder Reihe (oder die mittleren zwei Karten, falls die Reihe eine gerade Anzahl von Karten hat) ist die Schlüsselkarte.

Die oberste Reihe repräsentiert die vergangenen Einflüsse und Erfahrungen, die dem Fragesteller widerfahren sind. Links der zentralen Schlüsselkarte liegen jene Einflüsse der entfernten Vergangenheit, die den früheren Hintergrund des Fragestellers darstellen. Rechts der Schlüsselkarte liegen jene Einflüsse, denen der Fragesteller während der jüngsten Vergangenheit ausgesetzt war, möglicherweise in den vergangenen Tagen, Wochen oder Monaten. Die Schlüsselkarte repräsentiert die jüngsten Einflüsse, die entweder eben zu Ende gegangen sind oder gerade zu Ende gehen.

Die mittlere Reihe repräsentiert die Zeitspanne der gegenwärtigen Einflüsse. Links der Schlüsselkarte liegen jene Einflüsse, die der Fragesteller auf andere Menschen, mit denen er in Kontakt tritt, ausübt. Die Karten können auch die Eindrücke und Meinungen darstellen, die andere von bzw. über den Fragesteller haben. Rechts der Schlüsselkarte finden wir den Einfluß und den Druck, den andere Leute auf den Fragesteller ausüben. Die zentrale Schlüsselkarte repräsentiert die Basis und die Umgebung, in der der Fragesteller gegenwärtig lebt und wirkt.

Die untere Reihe der Karten bezieht sich auf den zukünftigen und endgültigen Ausgang. Links der Schlüsselkarte finden wir die inneren Gefühlsregungen und bestimmte Ziele des Fragestellers. Zur unmittelbaren Rechten der Schlüsselkarte sind die zukünftigen Einflüsse oder Einflußbereiche, die in der nahen Zukunft dominant sein werden. Zur äußersten Rechten finden wir den endgültigen Ausgang und die abschließenden Ergebnisse, die aus allen Einflüssen, die durch die anderen Karten offenbart werden, herbeigeführt werden. Die Schlüsselkarte repräsentiert die unmittelbare Zukunft, in die der Fragesteller gegenwärtig eintritt. Diese Karte kann auch aufkommende und zu bewältigende Hindernisse darstellen oder Gelegenheiten, Glück oder Fortschreiten auf ein Ziel, das der Fragesteller zu erreichen sucht. Das Namens-Kartenbild hat einen zusätzlichen interessanten Bestandteil, nämlich die »Alterskarte«. Das Alter des Fragestellers wird benützt, um die Alterskarte, die eine starke Bedeutung hat, zu bestimmen. Ist der Fragesteller, Robert Edwin Southworth, z.B. 18 Jahre alt, zählt der Wahrsager 18 Karten von links nach rechts, mit der oberen Reihe beginnend, und die Alterskarte wird in der unteren Reihe als siebte Karte von links gefunden. Ist der Fragesteller 29 Jahre alt, dann ist die Alterskarte die zweite Karte der zweiten Reihe (siehe die Illustrierung des Namens-Kartenbildes). Die Alterskarte ist meist eine sehr starke und einflußreiche Karte. Ihre Bedeutung ist allgemein wichtig und ein bedeutsamer Schlüssel zu Vergangenheit, Gegenwart oder Zukunft des Fragestellers.

Das Legen in Hufeisenform

Das gesamte Spiel von 78 Karten wird verdeckt vom Fragesteller gemischt. Der Wahrsager legt die erste Karte mit der Bildseite nach unten zu seiner Rechten an eine Stelle des Tisches und bezeichnet sie als Stapel A und legt zwei Karten verdeckt auf eine andere Stelle des Tisches und bezeichnet diese als Stapel B. Der Wahrsager fährt fort, die Karten verdeckt auszulegen, und zwar immer nach dem Schema eine Karte auf Stapel A und zwei Karten auf Stapel B, bis das gesamte Spiel ausgeteilt ist und zwei Kartenstöße entstanden sind, die aus 26 Karten in Stapel A und 52 Karten in Stapel B bestehen.

Stoß A bleibt vorerst liegen. Stoß B wird vom Wahrsager aufgenommen und verdeckt auf zwei neue Häufchen C und D ausgeteilt, wobei eine Karte auf Häufchen C und zwei Karten auf Häufchen D so lange gelegt werden, bis alle 52 Karten ausgeteilt sind, wodurch drei Häufchen entstanden sind, nämlich: A = 26 Karten, C = 18 Karten und D = 34 Karten.

Der Wahrsager nimmt nun Häufchen D und teilt es verdeckt in zwei neuen Stößen E und F aus, wobei eine Karte auf Stapel E und zwei Karten auf Stapel F so lange gelegt werden bis alle 34 Karten aufgeteilt sind und vier Stöße entstanden sind. A = 26 Karten, C = 18 Karten, E = 12 Karten und F = 22 Karten.

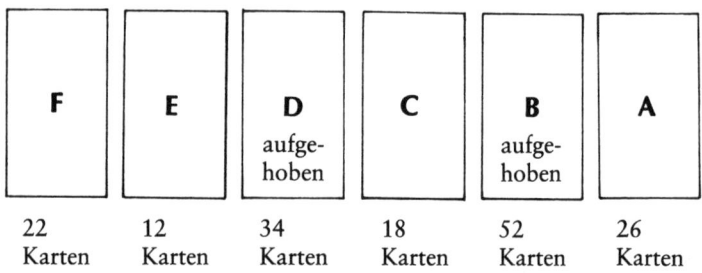

F	E	D aufge- hoben	C	B aufge- hoben	A
22 Karten	12 Karten	34 Karten	18 Karten	52 Karten	26 Karten

Sechs Kartenstöße für das Hufeisen-Bild

Der Wahrsager legt nun Häufchen F beiseite, da diese 22 Karten für die Lesung nicht benützt werden. Stoß A wird aufgenommen, der Wahrsager deckt die 26 Karten von *rechts* nach *links* in Form eines Hufeisens auf, wobei sich die erste Karte in der untersten rechten Ecke des Hufeisens befindet und die 26. Karte in der untersten linken Ecke (siehe Abbildung).

Der Wahrsager liest die Karten von *rechts* nach *links* im Zusammenhang. Wenn dies getan ist, deutet er die erste und die 26. Karte zusammen, die zweite und die 25. Karte zusammen und so weiter, bis alle Paare gedeutet worden sind.

Nach Abschluß obiger Deutung wird Stapel A beiseite gelegt und Stapel C ausgelegt und auf die gleiche Art und Weise gedeutet, schließlich Stapel E.

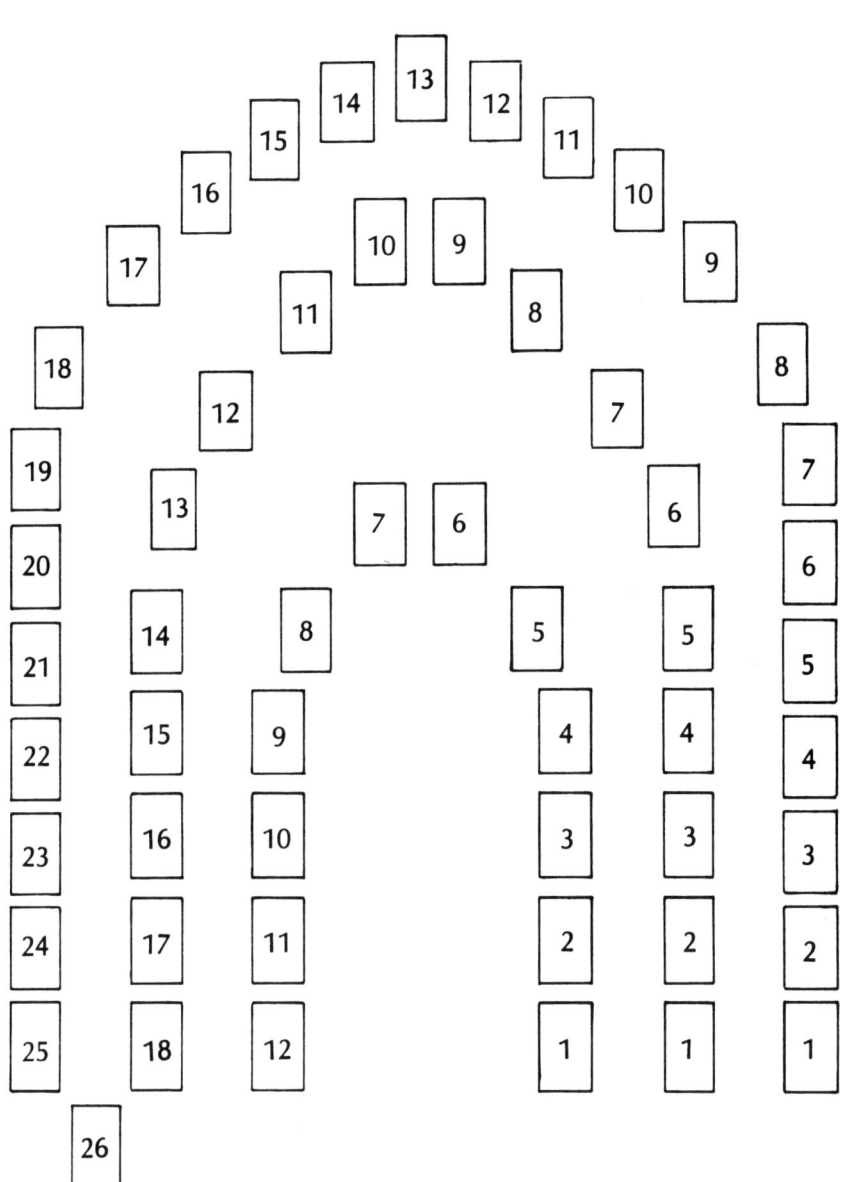

Das Hufeisen-Kartenbild

Das Legen der Königskarten

Dieses Kartenbild umfaßt 54 Karten: Die Großen Arkana, 16 Hofkarten (König, Königin, Ritter und Bube), 4 Asse und die kleinen Karten II, III und IV jedes Satzes.

Um dieses Kartenbild vorzubereiten, nimmt der Wahrsager zuerst die 24 Karten mit den römischen Ziffern V bis X jedes Satzes heraus.

Der Wahrsager läßt nun den Fragesteller eine Schlüsselkarte, die ihn repräsentiert, aus den Hofkarten ziehen, sowie eine oder bis zu vier zusätzliche Karten, die jene Personen repräsentieren, die entweder in der Vergangenheit oder in der Gegenwart den größten Einfluß auf den Fragesteller hatten bzw. haben, oder die in die Frage, auf die eine Antwort gesucht wird, am engsten verwickelt sind.

Die Schwerter repräsentieren normalerweise dunkelhäutige Personen, die Münzen nicht so dunkle, die Kelche ziemlich hellhäutige und die Stäbe noch hellerhäutige Personen. Beim Auswählen soll der Fragesteller auch diese persönlichen Faktoren berücksichtigen.

Ein Mann wählt gewöhnlich einen König als Schlüsselkarte, eine Frau normalerweise eine der Königinnen. Ist der Fragesteller ein Jugendlicher oder ein Junge, so wird er wohl einen der Ritter wählen; während ein junges Mädchen einen Buben wählen könnte. Nachdem der Fragesteller die zusätzlichen Karten ausgewählt hat, legt er die Schlüsselkarte sowie die eine, zwei, drei oder vier Hofkarten, wie abgebildet, aufgedeckt an.

Der Fragesteller mischt nun die übriggebliebenen Karten, und der Wahrsager deckt die Karten (53 bis 49 Karten, je nachdem, ob der Fragesteller eine, zwei, drei, vier oder fünf Karten auf den Tisch gelegt hat) von *rechts* nach *links,* mit der oberen Reihe beginnend, auf. Der Wahrsager geht nun zum Deuten über, wobei er Gruppen von Karten so kombiniert, daß sie eine Serie oder Sequenz von Ereignissen bilden.

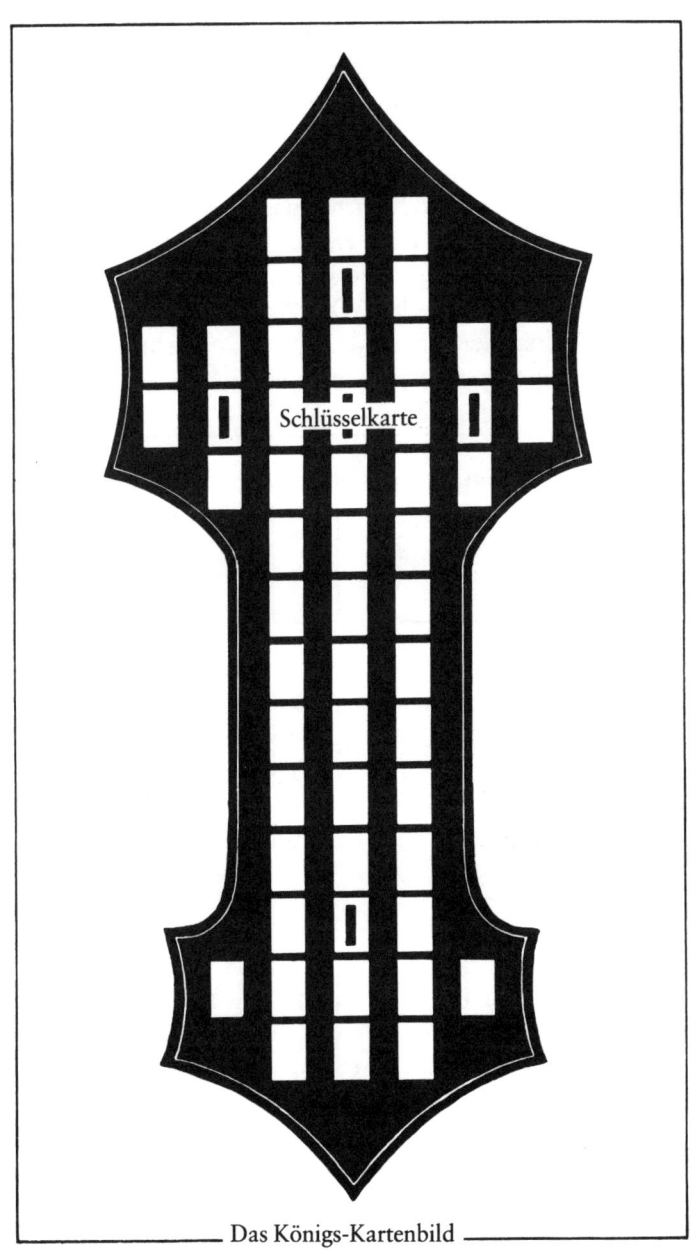

Schlüsselkarte

Das Königs-Kartenbild

Das Legen der Siebenten Karte

Der Fragesteller nimmt eine Hofkarte (König, Königin, Ritter oder Bube), die ihn darstellt, aus dem Kartenblatt und legt diese Schlüsselkarte mit der Bildseite nach oben auf den Tisch und zwar so, daß links davon für weitere 7 Karten Platz ist.

Der Fragesteller mischt die Karten verdeckt und reicht dem Deuter das Spiel, der nun die oberste Karte unverdeckt zur Linken der Schlüsselkarte legt. Der Wahrsager zählt dann sechs Karten nacheinander ab und legt sie einzeln in derselben Reihenfolge zuunterst des Kartenstoßes.

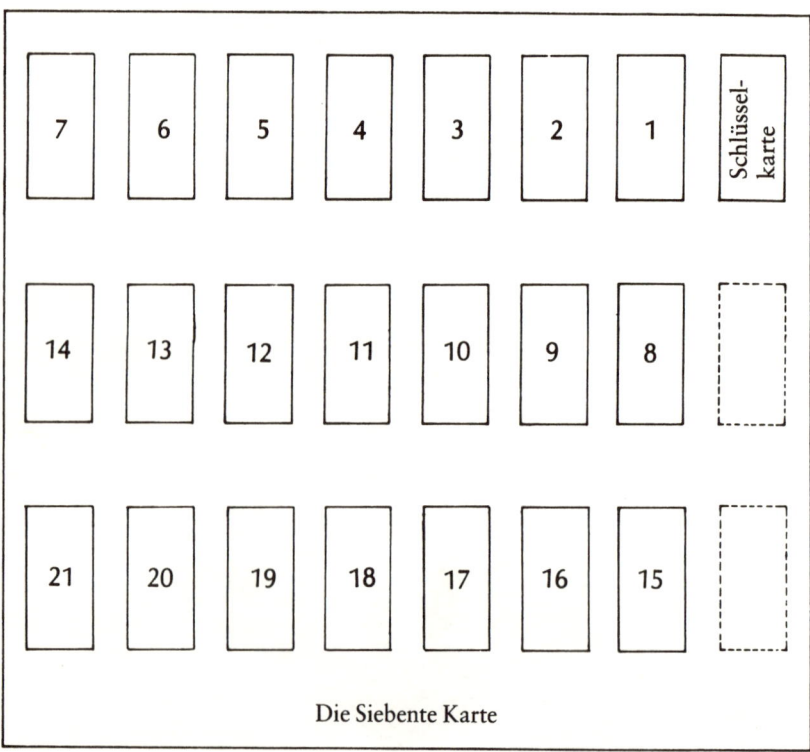

Die Siebente Karte

Die siebente Karte wird nun abgehoben und links von der letzten Karte im Kartenbild angelegt. Dieser Vorgang – sechs Karten zu unterst des Blattes und die siebente beim Kartenbild anlegen – wird so lange fortgesetzt, bis der Wahrsager durch das Abheben jeder siebenten Karte insgesamt 21 Karten abgehoben hat, und die 21 Karten in drei Reihen zu je 7 Karten von *rechts* nach *links* und immer zur Linken der Schlüsselkarte angeordnet worden sind. Der Wahrsager liest die Bedeutung jeder einzelnen Karte und der Kartengruppen nacheinander von *rechts* nach *links*.

Das Kartenlegen der Zigeuner

Der Wahrsager nimmt die Großen Arkana aus dem Tarotspiel und gibt dem Fragesteller die 56 Karten der Kleinen Arkana. Der Fragesteller mischt die Kleinen Arkana und hebt die ersten zwanzig Karten verdeckt als Päckchen ab. Diese zwanzig Karten der Kleinen Arkana werden dann zu den Großen Arkana gelegt, um ein 42-Karten-Spiel zu bilden. Die übrigen 36 Karten werden beiseite gelegt.

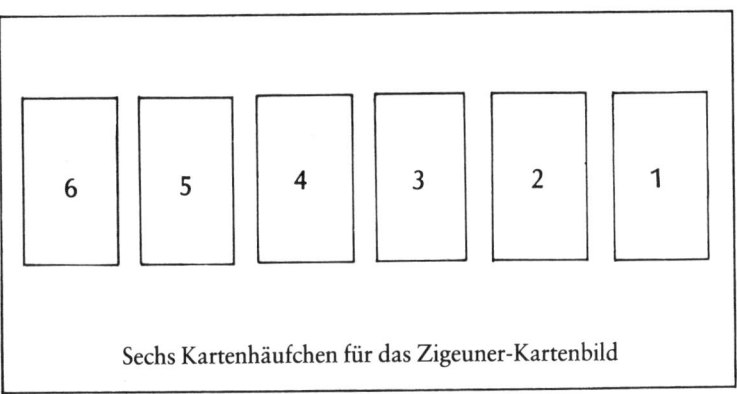

Sechs Kartenhäufchen für das Zigeuner-Kartenbild

Der Fragesteller mischt das 42-Karten-Spiel und unterteilt die sechs Häufchen zu je 7 Karten, wobei er sie verdeckt von *rechts* nach *links* anlegt, so daß die ersten 7 Karten den ersten Stoß bilden, die zweiten 7 Karten den zweiten und so weiter.

Der Wahrsager nimmt nun jedes Häufchen, mit dem ersten beginnend, auf, und legt sie unverdeckt von *rechts* nach *links* in Reihen zu je 7 Karten auf, bis er 6 Reihen zu je 7 Karten hat (siehe Abbildung).

In diesem Kartenbild wird der Fragesteller männlichen Geschlechts von einer der folgenden Karten der Großen Arkana nach seiner Wahl dargestellt: Der Narr, Der Magier, Der Herrscher. Ist der Fragesteller weiblichen Geschlechts, wird sie entweder von der Hohepriesterin oder der Herrscherin repräsentiert.

Die Karte, die den Fragesteller darstellt, wird erst aus dem Blatt genommen, nachdem 42 Karten gelegt sind. Falls sich die gesuchte Karte unter den 42 Karten auf dem Tisch befindet, so wird sie entfernt und etwas oberhalb zur Rechten der ersten waagerechten Reihe abgelegt. Der Fragesteller zieht dann willkürlich eine Karte aus den beiseite gelegten 36 Karten, um die leere Stelle zu füllen.

Falls sich die gesuchte Karte nicht in den 42 ausgelegten Karten befindet, so wird sie aus dem Stoß der nichtbenützten 36 Karten entnommen und rechts oberhalb der Reihen gelegt.

Die Karten werden nun von rechts nach links, mit der obersten Reihe beginnend und mit der Karte Nr. 7 der untersten Reihe endend, gedeutet. Diese Lesung enthüllt eine allgemeine und durchlaufende Darstellung der Vergangenheit, Gegenwart und Zukunft des Fragestellers. Im allgemeinen wird die beste Lesung dieses Kartenbildes durch Berücksichtigung der beieinander liegenden Karten oder sogar ganzer Kartenreihen erzielt, statt jede Karte einzeln zu deuten. Manchmal lohnt es sich, die Karten schnell durchzugehen, um einen allgemeinen Eindruck zu erhalten, wohin die Karten tendieren, um sie dann nochmals im Detail zu deuten. Die Karten sollten so interpretiert werden, daß sie mit dem individuellen Stand des Fragestellers wie Alter, Geschlecht und Familienstand übereinstimmen. Der Wahrsager sollte auch daran denken, daß in erster Linie die Karten der Großen Arkana, aber auch die 16 Hofkarten stärkere und zwingendere Kräfte als die der Kleinen Arkana repräsentieren.

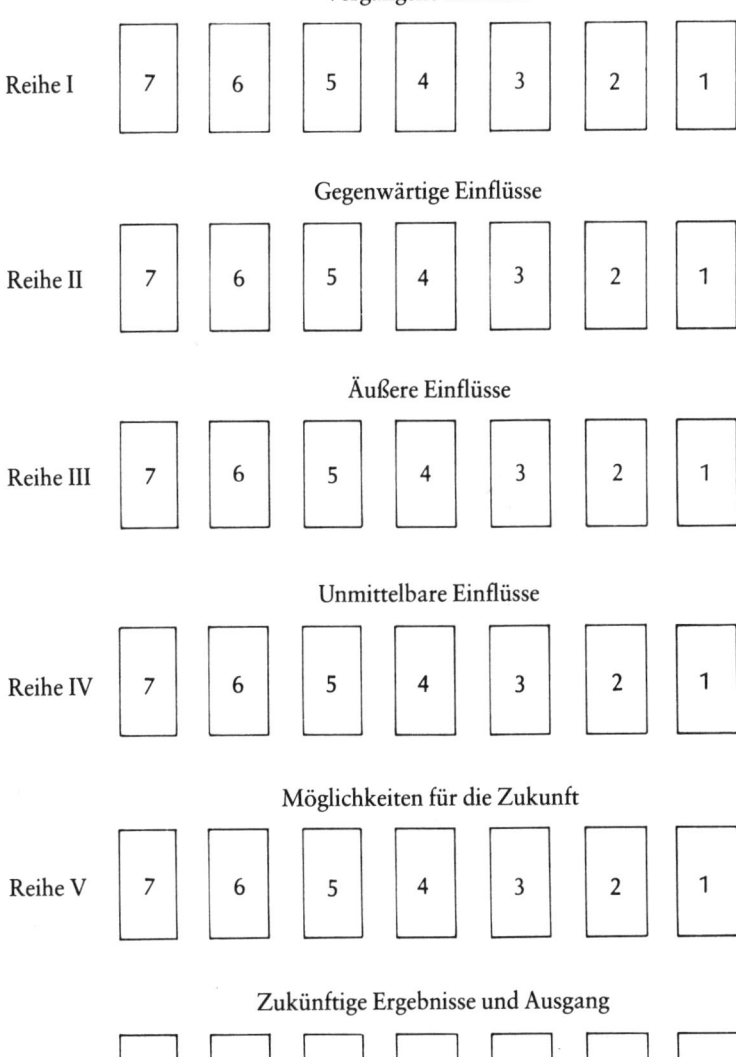

Vergangene Einflüsse

Reihe I — 7 6 5 4 3 2 1

Gegenwärtige Einflüsse

Reihe II — 7 6 5 4 3 2 1

Äußere Einflüsse

Reihe III — 7 6 5 4 3 2 1

Unmittelbare Einflüsse

Reihe IV — 7 6 5 4 3 2 1

Möglichkeiten für die Zukunft

Reihe V — 7 6 5 4 3 2 1

Zukünftige Ergebnisse und Ausgang

Reihe VI — 7 6 5 4 3 2 1

205

Das Zigeuner-Kartenbild

Die Bedeutung der Reihen:

Reihe I   *Vergangene Einflüsse.* Jene Einflüsse und Erfahrungen, die in der Vergangenheit liegen und im Leben des Fragestellers eine Rolle gespielt haben.

Reihe II   *Gegenwärtige Einflüsse.* Jene Einflüsse und Erfahrungen, die gegenwärtig stattfinden und in die der Fragesteller momentan verwickelt ist.

Reihe III   *Äußere Einflüsse.* Jene Einflüsse, Umweltfaktoren, Druck von außen und andere äußere Ereignisse, die gegenwärtig stattfinden, und über welche der Fragesteller keine Kontrolle hat.

Reihe IV   *Unmittelbare zukünftige Einflüsse.* Jene Ereignisse und Einflüsse, die auf den Fragesteller zukommen, oder in die er gegenwärtig eintritt, einschließlich unerwarteter Ereignisse.

Reihe V   *Möglichkeiten für die Zukunft.* Jene Ereignisse und Einflüsse, die für den Fragesteller zugänglich, erreichbar und vermeidbar sind, je nachdem, ob er sich auf sie vorbereiten oder sie vermeiden will.

Reihe VI   *Zukünftige Ergebnisse und Ausgang.* Jene Ereignisse und Umstände, die die Zukunft prägen werden.

KAPITEL VIII

Beispiele für Tarot-Lesungen

Die folgenden Beispiellesungen veranschaulichen, wie einfach es für den Wahrsager ist, die Geschichte der Karten mit Hilfe des vorher erklärten Zehner-Bildes zu lesen und zu deuten.

Das 78-Karten-Spiel wird durchgesehen und in zwei Teile geteilt, nämlich in die 22 Großen Arkana und die 56 Kleinen Arkana. Die Kleinen Arkana werden dann beiseite gelegt. Nachdem die Großen Arkana folgerichtig geordnet sind, werden sie vom Fragesteller gründlich gemischt, während er gleichzeitig seine allgemeine Frage laut stellt. Nach dem Mischen der Karten legt er das Blatt verdeckt auf den Tisch.

Eine Lesung, anhand der Zehn-Karten-Methode, erfordert normalerweise 20 bis 30 Minuten. Je nach Sensibilität des Wahrsagers wird die Deutung der Karten einzeln und zusammenhängend mehr oder weniger ausführlich ausfallen. Deshalb werden die Beispiellesungen in diesem Kapitel bis zu einem gewissen Grad variieren, entsprechend dem unterschiedlichen Wahrnehmungsvermögen und der Bewußtseinsebene des einzelnen Wahrsagers.

Beispiel – Kartenbild Nr. 1

In dieser Lesung ist der Fragesteller ein Herr mittleren Alters. Er teilt dem Wahrsager mit, daß er einem persönlichen und geschäftlichen Freund, der plötzlich verstarb, unlängst Geld geliehen hat. Der Mann macht sich nun Sorgen, ob die Witwe des Verstorbenen das Darlehen, für das es keinen schriftlichen Beweis gibt, zurückbezahlen wird. Die Witwe des Verstorbenen gibt zwar zu, daß ihr Mann erwähnt hat, daß er sich eine ihr unbekannte Summe Geldes vom Fragesteller geliehen hat, betont jedoch, daß sie nicht wisse, ob ihr Mann das Geld zurückbezahlt habe oder nicht.

Die Reihenfolge der ersten sechs Karten, die vom Wahrsager auf dem Tisch ausgelegt worden sind, enthüllt folgendes: Die

»Gegenwärtige Position« des Fragestellers zeigt, daß ein plötzliches und katastrophales Ereignis stattgefunden hat, in diesem Fall der Tod seines Freundes. In der Tat erscheint die Todeskarte in Kartenposition Nr. 1. »Der Gehängte« in Kartenposition Nr. 2 bestätigt, daß die Bezahlung der Anleihe noch nicht getätigt wurde, und daß der Verleiher in eine Periode der Unsicherheit bezüglich der Rückzahlung eingetreten ist. Kartenposition Nr. 3, »Gericht«, prophezeit, daß irgend jemand den Fragesteller ausnützen wird, in diesem Falle entweder der Verstorbene durch unbeabsichtigte Umstände oder die Witwe des Verstorbenen durch ihren möglichen Entschluß, das Darlehen nicht zurückzuzahlen. Kartenposition Nr. 4, »Der Mond«, und die darauffolgende Karte »Rad des Schicksals« bestätigen, daß der Verleiher, wenn auch unbeabsichtigt, dazu verleitet wurde, ein Darlehen zu geben, dessen Rückzahlung nun ungewiß erscheint. Zur Zeit des Verleihens könnte der Mann gedacht haben, daraus besonderen Gewinn ziehen zu können. Kartenposition Nr. 6, »Der Magier«, legt jedoch nahe, daß es dem Fragesteller durch sein Geschick und seine Klugheit gelingen könnte, die Familie des Verstorbenen dazu zu überreden, das Darlehen zurückzuzahlen. Kartenposition Nr. 7, »Der Wagen«, verrät die gegenwärtige Besorgnis und innere Unruhe des Mannes bezüglich des Darlehens. Obwohl die Angelegenheit momentan unerledigt bleibt, so könnte sie doch durch starke Entschlossenheit zum Vorteil des Fragestellers gelöst werden. Kartenposition Nr. 8, »Der Herrscher«, bestätigt erneut den starken Einfluß, den der Mann auf die Familie des Verstorbenen haben wird. Kartenposition Nr. 9, »Der Narr«, verrät die Ängste des Fragestellers und seine Befürchtungen, ein Darlehen unüberlegt gewährt zu haben. Kartenposition Nr. 10 »Die Gerechtigkeit«, bestätigt, daß Vernunft und Gerechtigkeit walten werden, und daß die Familie des Verstorbenen das Darlehen zurückbezahlen wird.

Zusammenhängend betrachtet, verraten die Karten ganz deutlich den gegenwärtigen Umstand des Todes des Schuldners, die Ungewißheit, ob das Darlehen zurückbezahlt wird oder nicht, den starken Einfluß des Verleihers auf die Familie des Verstorbenen und den letztendlichen günstigen Ausgang, nämlich, daß ihm das Darlehen zurückbezahlt wird. Es ist sehr

KARTENBILD Nr. 1

Karte Nr. 10
Endergebnis

Karte Nr. 3
Ziel
oder
Los

Karte Nr. 9
Innere Gefühle

Karte Nr. 4
Entfernte
Vergangenheit
Basis

Karte Nr. 6
Zukünftige
Einflüsse

Karte Nr. 1
Gegenwärtige
Position

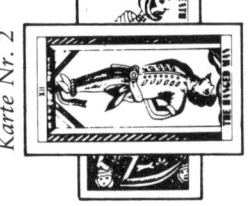

Karte Nr. 2

Unmittelbarer
Einfluß

Karte Nr. 8
Umweltfaktoren

Karte Nr. 5
Kürzlich
geschehene
Ereignisse

Karte Nr. 7
Der Fragesteller

wichtig, daß der Fragesteller im Umgang mit der Familie des Verstorbenen ein bestimmtes Verhalten an den Tag legt. Möglicherweise hätte eine Tarotlesung vor dem Verleihen des Geldes die kommenden Ereignisse aufgezeigt und vor einer Darlehensgewährung gewarnt.

Kartenbild Nr. 2

Die Fragestellerin, eine recht junge Frau, ist seit kurzem geschieden und hat die Vormundschaft für die 2jährige Tochter bekommen. Sie trifft sich zur Zeit mit einem jungen Mann, der ihr die Ehe versprochen hat. Die Fragestellerin hat das Gefühl, bei ihrer ersten Eheschließung unüberlegt gehandelt zu haben. Sie ist nun etwas ängstlich und fragt sich, ob die Aussichten für diese neue Liebesbeziehung günstiger sind.

Kartenposition Nr. 1, »Mäßigkeit«, bestätigt die Empfindung der Fragestellerin und ihre Sorge, ihr Leben umzugestalten. Aus diesem Grunde ist sie geneigt, eher abzuwägen als irgendwelche voreiligen Entscheidungen zu treffen. Kartenposition Nr. 2, »Gerechtigkeit«, bestätigt erneut das Gefühl der Fragenden, daß eine ungünstige Situation zwischen ihr und ihrem neuen Freund auftreten könnte. »Die Sonne« in Kartenposition Nr. 3 zeigt ganz deutlich das verständliche Bedürfnis und Verlangen des jungen Mädchens nach Partnerschaft und Ehe und weist auf die bestehende Möglichkeit, daß sie sich ohne reifliche Überlegung in eine neue Liebesaffäre stürzen könnte.

Kartenpositionen Nr. 4 und 5, »Der Mond« und »Der Eremit«, weisen auf die Enttäuschung des Mädchens in ihrer früheren Ehe und ihre verständliche Vorsicht und Besorgnis bei künftigen Eheplänen. Kartenposition Nr. 6, »Der Narr«, bestätigt, daß die Fragende kein besonders gutes Urteilsvermögen besitzt, ab und an auch mangelnde Disziplin. Sie ist jung, abenteuerlustig und es fehlt ihr an Zurückhaltung. Kartenposition Nr. 7, »Der Gehängte«, enthüllt die gegenwärtige Periode des Aufschubs und Übergangs im Leben der Fragestellerin, wie es ihre Situation als Geschiedene mit dem zusätzlichen Pro-

KARTENBILD Nr. 2

Karte Nr. 10
Endergebnis

Karte Nr. 3
Ziel
oder
Los

Karte Nr. 9
Innere Gefühle

Karte Nr. 6
Zukünftige
Einflüsse

Karte Nr. 1
Gegenwärtige
Position

Karte Nr. 4
Entfernte
Vergangenheit
Basis

Karte Nr. 2

Unmittelbarer
Einfluß

Karte Nr. 8
Umweltfaktoren

Karte Nr. 5
Kürzlich
geschehene
Ereignisse

Karte Nr. 7
Der Fragesteller

blem, ein Kind ohne Vater aufzuziehen, anzeigt. »Rad des Schicksals« in Kartenposition Nr. 8 bestätigt das Vorhandensein einer neuen Beziehung und die Möglichkeit einer zweiten Ehe zum Guten oder Schlechten. Die Besorgnis des Mädchens, die im »Hierophanten« in Kartenposition Nr. 9 verdeutlicht wird, wurzelt in ihrer Schüchternheit und der Neigung, frühere Fehler zu wiederholen. Dies wird von der letzten Karte in Position Nr. 10, nämlich vom »Teufel«, bestätigt, der deutlich darauf hinweist, daß sich für die Fragestellerin eine Ehe mit ihrem neuen Bekannten als katastrophal erweisen würde. Sie wäre unglücklich und in einer unterwürfigen Position ohne Liebe und Verständnis.

Kartenbild Nr. 3

Die Fragestellerin ist ein berufstätiges Mädchen aus dem Westen der Staaten, die gegenwärtig in einer Großstadt im Osten arbeitet. Sie geht oft aus, hat jedoch keine ernsten Liebesbeziehungen zu Männern. Sie möchte wissen, ob sie in ihrem Beruf Erfolg haben wird und ob ihr das Leben eventuell Ehe und Familie bringen wird.

Kartenposition Nr. 1, »Mäßigkeit«, deutet auf eine hochangesehene und weltliche Person mit einer beträchtlichen Portion Selbstvertrauen und intellektuellen Fähigkeiten. Kartenposition Nr. 2, »Hierophant«, verrät, daß die Fragende manchmal unfähig ist, sich neuen Verhältnissen und wechselnden Umständen, besonders in Hinblick auf persönliche Beziehungen, anzupassen.

Kartenposition Nr. 3, »Der Turm«, deutet darauf hin, daß ein plötzliches und unerwartetes Ereignis stattfinden wird, möglicherweise ein Berufswechsel oder ein wichtiger Schritt nach vorne. »Der Herrscher« in Kartenposition Nr. 4, gefolgt von »Gerechtigkeit« in Kartenposition Nr. 5 läßt darauf schließen, daß die Fragestellerin als Kind von jemandem dominiert wurde und zwar möglicherweise von ihrem Vater oder einer anderen männlichen Person. »Die Herrscherin« in Kartenposition Nr. 6 deutet darauf hin, daß ein anderer Mensch, möglicherweise eine weibliche Person, für die die junge Frau arbeitet, einen

KARTENBILD Nr. 3

Karte Nr. 3
Ziel
oder
Los

Karte Nr. 10
Endergebnis

Karte Nr. 9
Innere Gefühle

Karte Nr. 6
Zukünftige
Einflüsse

Karte Nr. 1
Gegenwärtige
Position

Karte Nr. 4
Entfernte
Vergangenheit
Basis

Karte Nr. 2

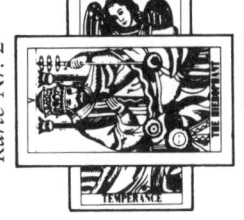

Unmittelbarer
Einfluß

Karte Nr. 8
Umweltfaktoren

Karte Nr. 5
Kürzlich
geschehene
Ereignisse

Karte Nr. 7
Der Fragesteller

213

starken Einfluß auf die zukünftige Karriere der Fragestellerin ausüben wird. Die ausgeprägten Fähigkeiten und die Kreativität der Berufstätigen werden vom »Magier« in Kartenposition Nr. 7 bestätigt. Kartenposition Nr. 8, »Der Teufel«, legt nahe, daß die Person, die in Zukunft Einfluß auf die junge Frau ausübt, nicht die besten Absichten hat. Die Fragestellerin ahnt dieses Problem, wie ihre inneren Gefühle und Ängste im »Mond« in Kartenposition Nr. 9 verraten. Das Endergebnis, Kartenposition Nr. 10, »Rad des Schicksals« bedeutet weder ein eindeutiges »Ja« noch ein eindeutiges »Nein« auf die Frage der jungen Frau, sondern prophezeit vielmehr, daß das Schicksal der zukünftigen Karriere der Fragestellerin in den Händen einer anderen Person liegt.

Der Berufstätigen wird deswegen nahegelegt, ihrerseits größere Bemühungen anzustellen. Nichts in den Karten deutet auf eine mögliche Ehe hin, da die Fragestellerin im Moment auf Kosten ihres Liebeslebens vollkommen mit ihrer Karriere beschäftigt zu sein scheint.

Kartenbild Nr. 4

Der Fragesteller ist ein reifer, leitender Angestellter bei einer großen Firma. Er hat vor, seine Stellung aufzugeben, um ein eigenes Unternehmen aufzubauen, was mit einer beträchtlichen Kapitalinvestition verbunden ist. Der Fragesteller hat noch nie ein eigenes Geschäft gehabt und fürchtet sich etwas davor, sich selbständig zu machen. Seine Frau meint, ihr Mann solle das tun, was ihn am glücklichsten macht.
Kartenposition Nr. 1, »Der Eremit«, deutet darauf, daß der Fragesteller etwas introvertiert ist und vielleicht nicht der Typ Mensch, der gerne als Teammitglied in einer großen Firma arbeitet. Diese Karte könnte auch anzeigen, daß die Schritte, die er zur Aufgabe seiner Position unternommen hat, sich anfangs als vorübergehender Rückschlag oder Schwierigkeit erweisen könnten. »Der Turm« in Kartenposition Nr. 2 bestätigt die Pläne des Fragestellers, sein gegenwärtiges Arbeitsverhältnis zu lösen und sich selbständig zu machen. Kartenposition Nr. 3, »Der Stern«, ist sehr günstig und weist auf steigende

KARTENBILD Nr. 4

Karte Nr. 10
Endergebnis

Karte Nr. 3
Ziel
oder
Los

Karte Nr. 9
Innere Gefühle

Karte Nr. 6
Zukünftige
Einflüsse

Karte Nr. 1
Gegenwärtige
Position

Karte Nr. 4
Entfernte
Vergangenheit
Basis

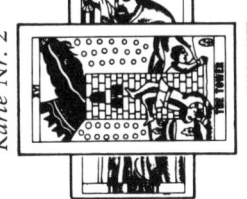

Unmittelbarer
Einfluß

Karte Nr. 2

Karte Nr. 8
Umweltfaktoren

Karte Nr. 5
Kürzlich
geschehene
Ereignisse

Karte Nr. 7
Der Fragesteller

215

Chancen und günstige Aussichten hin. Die vergangenen Umstände um den Fragesteller, die in Kartenposition Nr. 4 im »Rad des Schicksals« enthüllt werden, waren reich an Gelegenheiten. Kartenposition Nr. 5, »Der Narr«, bestätigt den Wunsch des Fragestellers, ein neues Abenteuer einzugehen, wobei auf die Notwendigkeit einer sorgfältigen Planung und umsichtigen Handelns, um nicht vom Gipfel des Erfolges zu fallen, hingewiesen wird. Der zukünftige Einfluß des Fragestellers, der in Kartenposition Nr. 6 durch »Die Herrscherin« gezeigt wird, weist darauf, daß eine andere Person, vermutlich seine Frau, ihm starke positive Unterstützung in seinem neuen Unterfangen anbieten wird, während »Mäßigkeit« in Kartenposition Nr. 7 verrät, daß der Fragesteller diesen Beistand und die Möglichkeiten, die sich ihm zum Erreichen seines Zieles anbieten, sowohl anerkennen als auch annehmen wird. »Der Hierophant« in Kartenposition Nr. 8 bestätigt die Fähigkeiten und die Klugheit des Fragestellers, weist jedoch auf seine Tendenz, sich an die Vergangenheit zu klammern. Dies erklärt vielleicht, warum er sich nicht schon früher selbständig gemacht hat. Kartenposition Nr. 9, »Der Mond«, verrät die Besorgnis des Mannes und seine inneren Ängste um die Investition in ein eigenes Geschäft. Kartenposition Nr. 10, »Die Sonne«, bestätigt den allgemeinen Eindruck, daß der Fragesteller in Verbindung mit starkem und günstigem weiblichen Beistand in seinem neuen Unternehmen erfolgreich sein wird, und es wird ihm daher geraten, sich selbständig zu machen.

Kartenbild Nr. 5

Der Fragesteller ist ein dynamischer junger Mann, der kürzlich seinen Hochschulabschluß gemacht hat und in einer großen Rechtsanwaltskanzlei zu arbeiten angefangen hat. Er ist gut gekleidet und redegewandt und zeigt beträchtlichen Enthusiasmus für die Zukunft. Er möchte gerne wissen, was nach dem Tarot die Zukunft für ihn bereithält.

Kartenposition Nr. 1, »Der Magier«, weist auf das Geschick und Können des jungen Mannes sowie auf sein phantasiereiches Selbstvertrauen. Er tritt das große Abenteuer seines Le-

KARTENBILD Nr. 5

Karte Nr. 10
Endergebnis

Karte Nr. 3
Ziel
oder
Los

Karte Nr. 9
Innere Gefühle

Karte Nr. 4
Entfernte
Vergangenheit
Basis

Karte Nr. 6
Zukünftige
Einflüsse

Karte Nr. 1
Gegenwärtige
Position

Karte Nr. 2

Unmittelbarer
Einfluß

Karte Nr. 8
Umweltfaktoren

Karte Nr. 5
Kürzlich
geschehene
Ereignisse

Karte Nr. 7
Der Fragesteller

bens an. Kartenposition Nr. 2, »Der Wagen«, deutet auf eine mögliche weite oder kurze Reise in der nahen Zukunft. Der junge Mann ist allerdings recht ungestüm. Er sollte auf Details achten, während er bei seiner Arbeit das angemessene Gleichgewicht wahrt, um zu vermeiden, von zu vielen verschiedenen Richtungen hin- und hergezogen zu sein. Kartenposition Nr. 3, »Die Herrscherin«, weist auf eine mögliche Verlobung oder Ehe in naher Zukunft. Die vorher angezeigte Reise wäre dann vielleicht eine Hochzeitsreise. Kartenpositionen 4 und 5, »Kraft« und »Die Sonne«, bestätigen die gesunde und positive Erziehung des jungen Mannes in seiner rundum glücklichen und zufriedenstellenden Kindheit. Kartenposition Nr. 6, »Gericht«, weist darauf hin, daß sich der junge Mann beträchtlich weiterentwickeln wird, wenn er sich seine Ehrlichkeit und Anständigkeit bewahrt. Kartenposition Nr. 7, »Der Herrscher«, bestätigt die ausgeprägten Fähigkeiten des jungen Mannes, der intelligent ist und die Qualitäten eines Führers besitzt. Kartenposition Nr. 8, »Die Liebenden«, bestätigt in Verbindung mit Kartenposition Nr. 3, »Die Herrscherin«, die große Möglichkeit einer bevorstehenden Verlobung und Ehe. Kartenposition Nr. 9, »Die Welt«, enthüllt die starke Motivation des jungen Mannes zu Erfolg und Macht zu gelangen. Kartenposition Nr. 10, »Der Narr« verrät die Schlußfolgerung, daß der junge Mann sehr fähig und ehrgeizig ist. Die Karten des jungen Mannes weisen eine eindeutig günstige Deutung, allerdings sollte er darauf achten, in der Zukunft keine törichten Schritte zu machen, die ihn von seiner Bestimmung abbringen oder ihm möglicherweise sogar unnötige Mißerfolge bringen könnten.

Kartenbild Nr. 6

Der Fragesteller ist ein 16jähriger Junge. Er stellt keine bestimmte Frage, sondern möchte seine allgemeinen Zukunftsaussichten wissen. Er erklärt, daß er nicht wisse, was er im Leben tun möchte. Er hat das Gefühl, daß ihn nichts genügend herausfordert. Er möchte gerne wissen, welchem Betätigungsfeld er seine Zukunft widmen soll.

KARTENBILD Nr. 6

Karte Nr. 10
Endergebnis

Karte Nr. 3
Ziel
oder
Los

Karte Nr. 9
Innere Gefühle

Karte Nr. 4
Entfernte
Vergangenheit
Basis

Karte Nr. 6
Zukünftige
Einflüsse

Karte Nr. 1
Gegenwärtige
Position

Karte Nr. 2

Unmittelbarer
Einfluß

Karte Nr. 8
Umweltfaktoren

Karte Nr. 5
Kürzlich
geschehene
Ereignisse

Karte Nr. 7
Der Fragesteller

219

Kartenposition Nr. 1, »Der Wagen«, bestätigt die gegenwärtige Gespaltenheit des Fragestellers. Ähnlich den beiden Pferden, die in zwei Richtungen ziehen, herrschen in ihm Konflikt und Unruhe. Der junge Mann benötigt eine starke Führung. Kartenposition Nr. 2, »Mäßigkeit«, weist darauf hin, daß er gegenwärtig zu übertriebener Mäßigung und Sparsamkeit angehalten wird. Möglicherweise bietet sein Familienleben wenig Anreiz. Kartenposition Nr. 3, »Die Herrscherin«, deutet auf eine starke Person, die den jungen Mann in seinem späteren Leben beherrschen wird, möglicherweise eine starke und nörgelnde Ehefrau oder eine übertrieben beschützende Mutter. Kartenposition Nr. 4, »Der Tod«, verrät, daß ein plötzlicher und abrupter Wechsel in der Vergangenheit des Jungen stattfand, wie der Tod seines Vaters oder einer Person, für die er große Bewunderung empfand, oder möglicherweise ein finanzielles Scheitern seiner Familie. Kartenposition Nr. 5, »Die Liebenden«, zeigt die Tendenz des Jungen, seine Mutter zu idealisieren und sich von seiner Mutter beherrschen zu lassen und abhängig zu sein. Kartenposition Nr. 6, »Die Sonne«, deutet auf den aufrichtigen Wunsch des jungen Mannes, ein gefälliges und zufriedenstellendes Leben ohne Konflikt und Not zu führen. Der »Gehängte« in Kartenposition Nr. 7 bestätigt seine völlige Unentschlossenheit in seinem künftigen Streben. Er befindet sich in einem Zustand des Aufschubs und Übergangs. Kartenposition Nr. 8, »Die Hohepriesterin«, zeigt, daß eine starke Person, wahrscheinlich wieder seine Mutter, dauernden dominierenden Einfluß auf ihn hat. Kartenposition Nr. 9, »Der Magier«, verrät, daß der junge Mann Momente der Angst verspürt, wenn es um seine Fähigkeit geht, im Leben Erfolg zu haben. Dies könnte zum Teil seine Abhängigkeit von seiner Mutter und seine Unentschlossenheit für die eigene Zukunft erklären. Kartenposition Nr. 10, »Kraft«, ist Schlüssel zur Zukunft des Jugendlichen. Sie unterstreicht die dringliche Notwendigkeit, stärkere charakterliche Eigenständigkeit zu entwickeln, um selbständig ein glückliches und erfolgreiches Leben führen zu können.

Kartenbild Nr. 7

Eine junge, verheiratete Frau ohne Kinder möchte gerne ihre Aussichten für die Zukunft wissen. Sie hat erst vor kurzem eine neue Stelle als Sekretärin für eine Werbeagentur angenommen, und ihre Arbeit macht ihr Freude. Ihre Ehe ist glücklich, doch hat sie das Gefühl, daß ihr Leben ohne Sinn und Ziel sei. Kartenposition Nr. 1, »Die Herrscherin«, zeigt, daß die junge Frau eine sehr fähige und tüchtige Arbeitskraft ist. Kartenposition Nr. 2, »Die Hohepriesterin«, weist darauf hin, daß sie auch intelligent ist, selbständig denkt und die Fähigkeit hat, zu lehren und andere zu unterrichten. Kartenposition Nr. 3, »Der Hierophant«, deutet darauf, daß, obwohl die junge Frau voller Selbstvertrauen ist, sie dazu neigt, sich an andere Menschen um Führung und Verständnis anzulehnen, möglicherweise an eine religiöse Person oder jemanden, mit dem sie arbeitet. Kartenposition Nr. 4, »Mäßigkeit«, weist darauf, daß die junge Frau aufgrund ihrer Selbstkontrolle und ihrer Fähigkeit, ihre Talente voll auszunützen, ein geordnetes Leben führt. Wie »Der Magier« in Kartenposition Nr. 5 beweist, hat sie kürzlich an Kreativität und Ausdruckskraft gewonnen und hat den Wunsch, einige der Bindungen, die sie als Hemmnis empfindet, zu lösen. Dies wird von Kartenposition Nr. 6, »Der Narr«, bestätigt, der anzeigt, daß sich diese Tendenz fortsetzen wird und sie dazu neigen wird, abenteuerlicher und möglicherweise leichtlebiger zu sein. Kartenposition Nr. 7, »Gerechtigkeit«, deutet darauf hin, daß diese Frau Integrität besitzt und immer fair und ehrlich ist. Kartenposition Nr. 8, »Der Wagen«, weist darauf hin, daß jemand, möglicherweise ihr Mann, ein Mitglied ihrer Familie, ein Freund oder eine Freundin sie in eine andere Richtung zieht, als es ihren früheren Interessen angemessen wäre. Der Wandel wird, je nach den Absichten der Frau, entweder zum Besseren oder zum Schlechteren ausfallen. Kartenposition Nr. 9, »Rad des Schicksals«, zeigt das Gefühl der jungen Frau, daß Unerwartetes bald eintreten wird. Der Tendenz der Karten im Kartenbild nach werden diese Ereignisse wahrscheinlich positiv sein und mit dem symbolischen Bild der letzten Karte, »Der Herrscher«, zusammenhängen, die darauf hindeutet, daß das Schicksal der jungen Frau mit einer anderen Person, wahrscheinlich ihrem Mann, dem sie ihr Leben gewidmet hat und für den sie tiefe Liebe empfindet, eng verbunden ist.

Karte Nr. 10
Endergebnis

Karte Nr. 3
Ziel
oder
Los

Karte Nr. 9
Innere Gefühle

Karte Nr. 6
Zukünftige
Einflüsse

Karte Nr. 1
Gegenwärtige
Position

Karte Nr. 4
Entfernte
Vergangenheit
Basis

Karte Nr. 2

Unmittelbarer
Einfluß

Karte Nr. 8
Umweltfaktoren

Karte Nr. 5
Kürzlich
geschehene
Ereignisse

Karte Nr. 7
Der Fragesteller

KARTENBILD Nr. 7

Ausgewählte Bibliographie mit Anmerkungen

Diese umfangreiche Zusammenstellung umfaßt 109 Bücher, die aus den wichtigsten Werken über die Tarotkarten in all ihren Aspekten vom Jahre 1540 an bis zur heutigen Zeit ausgewählt wurden.

Alta, Elie. *Le Tarot Egyptien. Ses Symboles, Ses nombres, Son Alphabet. Comment on lit Le Tarot.* (Enthält Reproduktionen der Werke von M. M. d'Odoucet). Vichy, Frankreich. 1922. Bebildert. Französisch. 311 Seiten.
Alta unterstützt die Theorie des ägyptischen Ursprungs der Tarotkarten. Der Text enthält Informationen über Etteilla, den Ursprung und die Bedeutung jeder einzelnen Karte der Großen und Kleinen Arkana sowie Übungen bezüglich der Anwendung des Tarot, die 1793 von d'Odoucet, dem Schüler und Mitarbeiter von Etteilla, präsentiert wurden und dessen Werk *Science Des Signes, Ou médecine de l'Esprit, connue sous le nom d'art de tirer les Cartes,* im Alta-Buch, beginnend mit Seite 238, wiedergegeben wird.

Bargagli, Girolamo. *Dialogo de Givochi che nelle Vegghie Sanesi si usano de fare.* Siena. 1572. Italienisch. 223 Seiten.
Enthält auf Seite 77 den ersten gedruckten Hinweis auf das Tarocchi-Spiel. »Und ich habe auch gesehen wie das Tarocchi-Spiel gespielt wird; jedem der Anwesenden wird ein Tarocchi-Name gegeben und nach der Ansage darf, aus welchem Grund auch immer, darum gebeten werden, daß der Name einer bestimmten Tarocco-Karte dem einen oder anderen gegeben wird.« Ein seltenes Sammlerstück.

Benham, W. Gurney. *Playing Cards. History of The Pack and Explanations of its Many Secrets.* London. 1931. Bebildert. 196 Seiten.
Enthält einen Abschnitt über frühe Tarotkarten und die symbolischen Bedeutungen des Spiels.

Bennett, Sidney. *Tarot For the Millions.* California. 1967. 157 Seiten.
Stellt verschiedene Kartenbilder und Beispiele von Tarotlesungen vor sowie die Beschreibung und die Bedeutungen jeder einzelnen Karte der Großen und Kleinen Arkana.

Boiteau, P. d'Ambly. *Les Cartes à Jouer et La Cartomancie.* Paris. 1854. Bebildert. Französisch. 390 Seiten.
Erklärt den Ursprung der Karten, die Geschichte der Tarotkarten und enthält einen kompletten Abschnitt über die Spielkartenkunst einschließlich Anekdoten über Mademoiselle Le Normand, die berühmte französische Sibylline, sowie einen Zusatz mit Etteillas Methoden zum Wahrsagen mit Karten.

British Museum. *Playing Cards of Various Ages and Countries.* Ausgewählt aus *The Collection of Lady Charlotte Schreiber.* London. 1892–1895. 3 Bände.

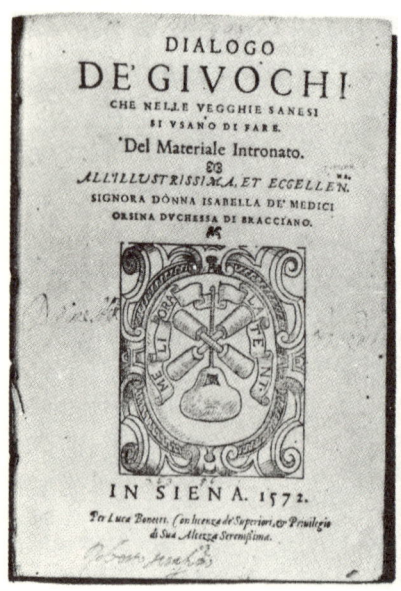
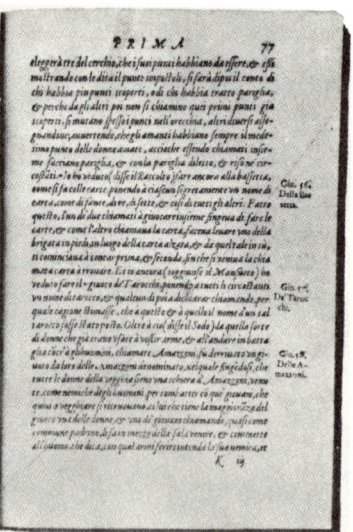

Titelseite und Seite 77 aus *dialogo de Givochi che nelle Vegghie Sanesi si usano di fare.* Girolamo Bargagli. 1572

Reich bebildert. Diese umfangreiche Sammlung von Spielkarten enthält Schwarzweiß-Reproduktionen von vielen Tarotkarten aus Spielen, die während des 16. bis 19. Jahrhunderts in ganz Europa hergestellt wurden. Ein sehr seltenes Liebhaberbuch.

Brown, Wenzell. *How To Tell Fortunes With Cards.* New York. 1969. Bebildert. 128 Seiten.
Erklärt die Bedeutung jeder einzelnen Karte der Kleinen Arkana. Enthält mehrere Lesungsbeispiele.

Bullet, Jean Baptiste. *Recherches Historiques Sur Les Cartes à Jouer avec des Notes critiques & interessantes.* Lyon. 1757. Französisch. 163 Seiten.
Schildert den Ursprung der Spielkarten mit besonderem Hinweis auf Werke, die im Mittelalter herausgegeben wurden und möglicherweise mit den Karten und ihrer Einführung in Europa verbunden sind. Ein seltenes Liebhaberbuch.

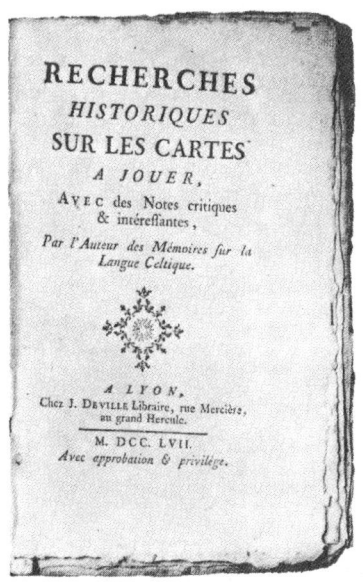

Titelseite von *Recherches Historiques Sur Les Cartes à Jouer.* Jean Baptiste Bullet. 1757

Case, Paul Foster. *The Book of Tokens: Tarot Meditations.* California. 1934. Bebildert. 200 Seiten.
Enthält Meditationen über die okkulte Bedeutung der 22 hebräischen Buchstaben, veranschaulicht durch die 22 Großen Tarot-Schlüssel.

–. *The Tarot. A Key to the Wisdom of the Ages.* Virginia. 1947. Neuausgabe. Bebildert. 214 Seiten.
Beschreibt jede einzelne Karte der Großen Arkana, die okkulte Bedeutung der Zahlen, die Methoden des Studiums und des Wahrsagens mit den Tarotkarten.

–. *A Brief Analysis of The Tarot.* New York. 1927. Unbebildert. 102 Seiten.
Derselbe Text wie: *The Tarot. A Key to the Wisdom of the Ages.*

Chatto, William Andrew. *Facts and Speculations on the Origin and History of Playing Cards.* London. 1848. Bebildert. 343 Seiten.
Erklärt den Ursprung der Spielkarten und setzt dabei voraus, daß die 22 Großen Arkana einst von den übrigen Sätzen getrennt waren und später zusammengefaßt wurden. Enthält Hinweise auf die Einführung der Karten in Europa und die unterschiedlichen widerstreitenden Theorien bezüglich ihres Ursprungs. Ein Liebhaberbuch.

Cicognara, Leopoldo. *Memorie Spettanti Alla Storia Della Calcografia del Commend.* Prato. 1891. Italienisch. 262 Seiten.
Schildert den Ursprung der Spielkarten und enthält einen detaillierten Kommentar über frühe Tarocchi-Spiele. Ein separater Band mit insgesamt 18 Seiten in Folioformat enthält mehrere Schwarzweiß-Reproduktionen von frühen italienischen Kartenentwürfen.

Court de Gebelin, Antoine. *Le Monde Primitif, analysé et comparé avec le monde moderne.* Band I, der auf Seite 363 beginnt: *Du Jeu des Tarots. Ou l'on traite de son origine, du* *on explique ses allegories,* et *ou l'on fait voir qu'il est la source de nos cartes modernes à jouer,* etc., etc. Paris 1775 bis 1784. Neun Bände. Französisch.

Diese berühmte Abhandlung über die Tarotkarten stellt den ägyptischen Ursprung der Karten dar, die Art und Weise, wie Gebelin erstmals mit den Karten bekannt gemacht wurde, die Bedeutung jeder einzelnen Karte der Großen Arkana und wie die Karten später nach Europa kamen. Ein seltenes Liebhaberbuch.

Crowley, Aleister. *Das Buch Thoth.* Waakirchen 1981. Bebildert. 287 Seiten.

Stellt die Theorie des Tarot dar, seinen ägyptischen Ursprung und seine Verbindung zur Heiligen Kabbala, die Bedeutung jeder einzelnen Karte der Großen und Kleinen Arkana sowie Crowleys bildliche Interpretation jeder der Karten.

Einband von *Les Cartes à Jouer du Quatorzième au Vingtième Siècle.* Henry-René D'Allemagne. 1906.

D'Allemagne, Henry-René. *Les Cartes à Jouer du Quatorzième au Vingtième Siècle. Contenant 3200 reproductions de cartes, dont 956 en couleur, 12 planches hors textes coloriées à l'Aquarelle, 25 Phototypies, 116 enveloppes illustrées pour jeux de cartes et 340 vignettes et vues diverses.* Paris. 1906. Folioformat. 2 Bände. Französisch. Band 1 – 504 Seiten. Band II – 640 Seiten.

Eines der maßgebenden Bücher über die Geschichte der Tarotkarten. Enthält verschiedene Hinweise auf den Ursprung der Tarotkarten, Reproduktionen in Schwarzweiß und Farbe von verschiedenen Tarotkarten und ein Kapitel über den Gebrauch der Karten zum Wahrsagen in frühen Zeiten bis zum 20. Jahrhundert. Ein seltenes Liebhaberbuch.

Deutsches Spielkarten-Museum. *Tarocke mit französischen Farben.* Deutschland. 1969. Bebildert. 60 Seiten.
Enthält eine Darstellung der 375 verschiedenen Kartenspiele, hauptsächlich Tarotspiele, sowie einige andere Kartenspiele, die vom 2. Juli 1967 bis zum 15. April 1968 im Deutschen Spielkarten-Museum in Bielefeld ausgestellt wurden.

Doane, Doris Chase und King Keyes. *Tarot-card spread reader.* New York. 1970. Neuauflage. Bebildert. 207 Seiten.
Beschreibt die Tarotkarten und ihren Gebrauch. Liefert Beispiele für Tarotlesungen und die Schlüsselsätze für die 78 Karten des Tarotspiels. Enthält einen Abschnitt über astrologische Symbolik. Später unter dem Titel *How to read Tarot Cards* wiederaufgelegt.

Duchartre, Pierre Louis. *Tarot packs. Tarockspiele. Jeux de Tarots, Graphis Magazine.* Zürich. 1949. Band 5. Nr. 26. Französisch.
Sechsseitiger bebilderter Artikel, der auf Seite 168 der Zeitschrift GRAPHIS MAGAZINE beginnt und die graphische Entwicklung der französischen Tarotkarten darstellt.

Duchesne, Jean l'aine. *Jeux de Cartes Tarots et de Cartes Numérales, du quatorzième au dix-huitième siècle. Publiés par*

Titelseite von *Jeux de Cartes Tarots et de Cartes Numérales*. Jean l'ainé Duchesne. 1844.

la Société des Bibliophiles Français. Paris. 1844. Folioformat. Handillustriert. Französisch. 100 Seiten.
Nur 32 Kopien auf *grande papier* und 100 Kopien auf *petit papier* wurden herausgegeben. Enthält handgemalte Reproduktionen der 17 Tarotkarten aus der Bibliothèque Nationale von Paris, die einigen Gelehrten zufolge von Jacquemin Gringonneur für Charles VI. von Frankreich im Jahre 1392 gemalt worden sein sollen. Enthält ferner Reproduktionen von fünfzig Tarotspielen aus Italien, die sogenannten ›Tarocchi de Mantegna‹, auf Kupferplatten gedruckt. Sehr seltenes Liebhaberbuch.

Edindustria Editoriale. *Antiche Carte Italiane da Tarocchi.* Rom. 1961. Bebildert. Italienisch. 26 Seiten. Enthält eine zusammenfassende Darstellung der Geschichte der alten italienischen Tarotkarten mit Farbreproduktionen von frühen Tarot-, Tarocchino- und Minchiate-Spielen. Die Zweitauflage wurde auf 300 Kopien limitiert.

Titelbild und Titelseite von *Manière de se Recréer avec le Jeu* de *Cartes Nommées Tarots*. Etteilla. 1783.

Etteilla (Alliette). *Les Sept Nuances de l'Œuvre Philosophique–Hermetique, Suivies d'un Traite sur la perfection des Metaux, mis sous l'Avant-Titre L.D.D.P.* 1772. 48 Seiten. L.D.D.P. ou la Perfection des Metaux. 60 Seiten.
Dieses Buch und die folgenden Bände bestehen aus den Werken von Etteilla, dem Schüler Court de Gebelins. Sie behandeln den ägyptischen Ursprung der Tarotkarten sowie die geheimen Methoden des Auslegens und der Deutung der Karten, die von Etteilla popularisiert wurden. Französisch. Ein sehr seltenes Liebhaberbuch.
–. *Philosophie des Hautes Sciences, ou La Clef Donnée aux Enfans de l'Art de la Science & de la Sagesse.* Amsterdam. 1785. 189 Seiten.
–. *Manière de se Recréer avec le Jeu de Cartes Nommées Tarots. Pour servir de premier Cahier a cet Ouvrage.* Amsterdam. 1783. 182 Seiten.
–. *Manière de se Recréer avec le Jeu de Cartes Nommées*

Tarots. Pour servir de second cahier à cet ouvrage. Amsterdam. 1785. 202 Seiten.

—. *Manière de se Recréer avec le Jeu de Cartes Nommées Tarots. Pour servir de troisième Cahier a cet Ouvrage.* Amsterdam. 1783. 142 Seiten.

—. *Fragment sur Les Hautes Sciences, Suivi D'une Note sur les trois fortes de Médecines données aux hommes, dont une mal-a-propos délaissée.* Amsterdam. 1785. 60 Seiten.

—. *Jeu des Tarots ou Le Livre de Thot, ouvert a la Manière des Egyptiens, pour servir ici, à L'interprétation de tous les Rêves, Songes et Visions diurnes et nocturnes.* 12 Seiten.

—. *Livre de Thot.* 1789. 4 Seiten.

—. *Manière de se Recréer avec le Jeu de Cartes Nommées Tarots. Pour servir de quatrieme Cahier a cet Ouvrage.* Amsterdam. 1785. 256 Seiten.

—. *Sciences Leçons Theoriques et Pratiques du Livre de Thot. Moyennes Classes.* Amsterdam. 1787. 94 Seiten.

—. *Science Lecons Theoriques et Pratiques du Livre de Thot.* 1787. 24 Seiten.

Falconnier, R. *Les XXII Lames Hermétiques du Tarot Divinatoire. Exactement reconstituées d'après les textes sacrés et selon la tradition des Mages de l'ancienne Egypte.* Paris. 1896. Bebildert. Französisch. 104 Seiten.
Behandelt den ägyptischen Ursprung der Tarotkarten und die Bedeutung jeder einzelnen Karte zum Zwecke der Wahrsagung. Die Illustrationen der Karten sind Bilder mit ägyptischem Einfluß.

Franck, Adolphe. *The Kabbalah. The Religious Philosophy of the Hebrews.* New York. 1967. Neuauflage. 224 Seiten.
Stellt den uralten Ursprung der Kabbala und seiner beiden Hauptwerke »Sefer Yetzirah« und »Zohar« dar.

Gardner, Richard. *Evolution Through The Tarot.* England. 1970. Neuauflage. 112 Seiten.
Neuauflage des früher veröffentlichten Buches mit dem Titel *Accelerate Your Evolution.* Behandelt die metaphysische Seite der 22 Großen Arkana.

231

Ginsburg, Christian D. *The Essenes.Their History and Doctrines. The Kabbalah. Its Doctrines, Development and Literature.*
London. 1970. Neuauflage. 245 Seiten.
The Kabbalah wurde erstmals im Jahre 1893 und *The Essenes* im Jahre 1864 herausgegeben. Behandelt die Bedeutung der Kabbala einschließlich ihres Ursprungs, ihrer Entwicklung und Anwendung als ›Baum des Lebens‹.

Girault, Francis. *Mlle. Le Normand. Sa Biographie, Ses Prédictions Extraordinaires, son commerce avec les personnages les plus illustres d'Europe, de la République, du Directoire, de l'Empire et de la Restauration jusqu'a nos jours; la Chiromancie et la Cartomancie expliquées par la Pythenisse du XIX siècle. Avec une Introduction philosophique sur les Sciences occultes mises en regard des Sciences naturelles.* Paris 1843. Bebildert. Französisch. 191 Seiten.
Schildert das Leben der berühmten französischen Sibylline Mademoiselle Le Normand, die in der napoleonischen Ära sehr berühmt war. Enthält eine Beschreibung der 78 Karten des Tarotspiels.

Gray, Eden. *Mastering The Tarot. Basic lessons in an ancient, mystic art.* New York. 1971. Bebildert. 160 Seiten.
Dieses Buch für Anfänger lehrt die Bedeutungen der einzelnen Karten und die verschiedenen Methoden des Kartenlesens. Enthält die Bedeutung jeder einzelnen Karte innerhalb des Kartenbildes, die Beziehungen zur Numerologie und genaue Beispiellesungen.

–. *A Complete Guide to the Tarot.* New York. 1970. Neuauflage. Bebildert. 156 Seiten.
Beschreibt die Karten der Großen und Kleinen Arkana, Methoden des Kartenlesens und behandelt die okkulte Philosophie in Verbindung mit Tarot einschließlich der Numerologie, Astrologie und der Kabbala.

–. *The Tarot Revealed: A Modern Guide to Reading the Tarot Cards.* New York. 1969. Neuauflage. Bebildert. 239 Seiten.
Enthält Kapitel über die Magie der Karten, Beschreibungen der

Kleinen und Großen Arkana, Wahrsagen mit Hilfe der Tarotkarten, Meditationen, Beispiellesungen und ein Wörterverzeichnis der Symbole.

–.Grimaud, B. P. *Grand Etteilla Egyptian Gypsies Tarot.*
Paris. 1969. 118 Seiten.
Anleitungsbüchlein, das den von France-Cartes/J. M. Simon,
Paris, hergestellten Grand Etteilla-Karten beiliegt. Beschreibt
jede einzelne Karte der 78 Karten im Etteilla-Spiel und erklärt
die Bedeutung der Karten zueinander.

–. *Tarot of Marseilles.* 1969. Paris. 48 Seiten.
Anleitungsbüchlein, das dem von France-Cartes/J. M. Simon,
Paris, hergestellten Marseiller Tarotspiel beiliegt. Beschreibt
den Gebrauch der Tarotkarten und enthält die Bedeutungen
der Karten der Großen und Kleinen Arkana.

Hargrave, Catherine Perry. *A History of Playing Cards and a
Bibliography of Cards and Gaming.* New York. 1930. Reich
bebildert. 468 Seiten.
Behandelt den Ursprung der Tarotkarten mit Abschnitten über
die Tarotkarten, die in verschiedenen europäischen Ländern
entwickelt wurden. Zahlreiche Illustrationen. Eine ausgezeich-
nete Bibliographie aus der Bibliothek der »United States Playing Card Company«.

Hasbrouck, Muriel Bruce. *Pursuit of Destiny.* New York.
1941. Bebildert. 270 Seiten.
Erläutert das Tarotspiel in Verbindung mit einer bestimmten
Zeit innerhalb des Sonnenjahres. Der Autor macht den Versuch, jede Tarotkarte einem 10-Tages-Zyklus zuzuschreiben.

Heline, Corinne. *The Bible and the Tarot.* California. 1969.
Bebildert. 237 Seiten.
Enthält die Grundprinzipien des Tarotspiels einschließlich der
Buchstaben, Zahlen, Geheimschriften und Schlüssel, eine Dar-
stellung der Kabbala und des Tetragrammatons. Besondere
Berücksichtigung findet das hebräische Alphabet. Die Bilder
sind altägyptischer Herkunft.

Hoy, David. *The meaning of Tarot.* Tennessee. 1971. Bebildert. 168 Seiten.
Stellt das Tarotspiel dar, die Vorbereitungen zum Wahrsagen, Methoden des Wahrsagens und die Bedeutungen jeder Karte.

Huber und Herpel. *Bologneser Tarockspiel des 17. Jahrhunderts. Guiseppe Maria Mitelli,* Deutschland. 1970. Französischer Text mit etwas englischem, italienischem und deutschem Text. 8 Seiten Abbildungen.
150 Exemplare wurden gedruckt. Eine Reproduktion der »Tarocchino de Bologna«-Karten, die von Guiseppe Maria Mitelli im 17. Jahrhundert entworfen wurden.

Huson, Paul. *The Devil's Picturebook. The Complete Guide to Tarot Cards.* New York. 1971. Bebildert. 256 Seiten.
Beschreibt die Karten der Großen und Kleinen Arkana und präsentiert die verschiedenen Auslegungs- und Deutungsmethoden der Karten. Enthält eine Darstellung über den Ursprung der Tarotkarten.

Einband von *Tarot Cards for Fun and Fortune Telling.* S. R. Kaplan. 1970.

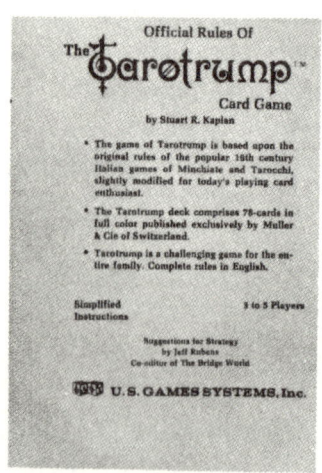

Einband von *Official Rules* of the Tarotrump Card Game. Stuart R. Kaplan. 1971.

Kaplan, S. R. (Stuart R.). *Tarot Cards for Fun and Fortune Telling.* New York. 1970. Bebildert. 96 Seiten.
Bebilderter Führer zum Auslegen und zur Deutung des beliebten 78-Karten-Tarotspiels von Müller & Cie., Schweiz. Enthält eine Einführung in das Tarot, die Bedeutung jeder Karte der Großen und Kleinen Arkana sowie acht Methoden zum Auslegen der Karten einschließlich einer uralten 10-Karten-Methode, die eine klare und bündige Lesung ermöglicht.

Kaplan, Stuart R. *Official Rules of the Tarotrump Card Game.* U.S. Games Systems, Inc. New York. 1971.
Sämtliche Spielregeln des TAROTRUMP-Spiels, die auf den ursprünglichen Spielregeln der beliebten italienischen Spiele Minchiate und Tarocchi aus dem 16. Jahrhundert basieren, jedoch für den heutigen Spielkartenliebhaber leicht abgeändert wurden. Enthält Blatt-Beispiele von Jeff Rubens.

—. *Tarot Classic.* New York. 1972. Bebildert. 256 Seiten.
Der klassische Führer für das Tarotspiel. Stellt das rege Interesse für Tarot dar, den Ursprung der Karten und die frühesten Hinweise auf Tarot in Europa, die ältesten existierenden Spiele, die Entwicklung des Tarot durch Gebelin, Etteilla, Levi, Papus und Waite, die gesamte divinatorische Bedeutung jeder einzelnen Karte der Großen und Kleinen Arkana und Beispiel-Kartenbilder sowie Wahrsage-Methoden. Es ist mit den Großen Arkana und Hofkarten des berühmten Tarot Classic-Spiels bebildert und enthält eine ausführliche Bibliographie der erwähnenswerten und seltenen Bücher über Tarot aus der Privatsammlung des Autors.

Kasdin, Simon. *The Esoteric Tarot.* New Jersey. 1965. Bebildert. 96 Seiten.
Beschreibt die 22 Karten der Großen Arkana anhand ungewöhnlicher Symbole unter spezifischem Bezug auf das hebräische Alphabet und das »Sepher Yetzirah«.

Knight, Gareth. *A Practical Guide to Qabalistic Symbolism.* Band I – *On the Spheres of the Tree of Life.* 249 Seiten. Band II – *On the Paths and the Tarot.* 291 Seiten. England. 1965.

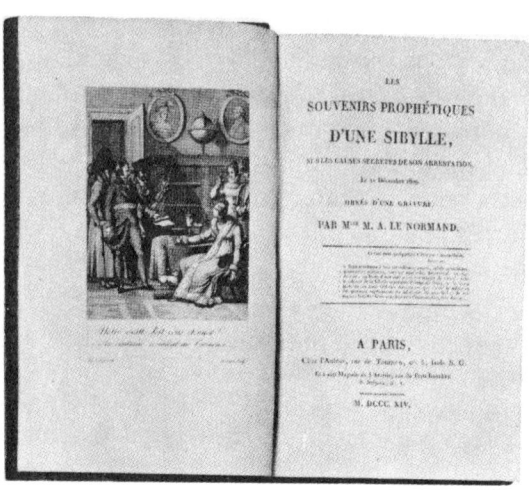

Titelbild und Titelseite von *Les Souvenirs Prophétiques D'une Sibylle*. Mlle. M. A. Le Normand. 1814.

Beschreibt die Anwendung und die Theorie des kabbalistischen Symbolismus und analysiert die Großen Arkana vom Standpunkt der Tarotsymbole, des hebräischen Alphabets und der astrologischen Zeichen.

Laurence, L. W. de. *The Illustrated Key to the Tarot.* 1971. Dieses Buch ist eine Neuauflage des berühmten Buches von Waite, *The Key to the Tarot* (siehe Waite).

Le Normand, Mlle. *M. A. Les Souvenirs Prophétiques D'une Sibylle, Sur les Causes Sécretès de son Arrestation, le 11 Décembre 1809. Paris. 1814. Französisch. 590 Seiten.* Schildert die Ursachen und Ereignisse, die zur Verhaftung und Einkerkerung von Mlle. Le Normand auf Befehl von Napoleon führten. Enthält Mlle. Le Normands Enthüllung an die Kaiserin Josephine über die bevorstehende Scheidung von Napoleon, da der Kaiser den Wunsch nach einem männlichen Erben hatte.

Levi, Eliphas (Alphonse Louis Constant). *Dogme et Rituel de la Haute Magie.* Paris. 1854. Die Werke Eliphas Levis wurden in der zweiten Hälfte des 19. Jahrhunderts veröffentlicht und behandeln Kabbala, Okkultismus, Mystizismus und den Tarot als heilige Schrift. Text in französisch. (Transzendentale Magie, 2 Bde., Sphinx Verlag, Basel 1975)

—. *Histoire de la Magie*. Paris. 1860. (Geschichte der Magie, Sphinx Verlag, Basel 1980)
—. *La Clef des Grands Mystères*. Paris. 1861.
—. *Le Livre des Splendeurs*. Paris. 1894.
—. *Clefs Magiques et Clavicules de Salomon*. 1895.
—. *Le Grand Arcane ou l'Occultisme Dévoilé*. Paris. 1898.

L'hôte, Jean-Marie. *Le Tarot. Discours en forme de catalogue a propos d'une exposition sur les Tarots realisée par la Maison de la Culture d'Amiens*. Paris. 1971. Bebildert. Französisch. 55 Seiten.
Beschreibt eine Ausstellung über die Geschichte und Entwicklung der Tarotkarten, die im Frühjahr 1971 vom »Maison de la Culture«, Amiens, Frankreich, veranstaltet wurde.

Lind, Frank. *How To Understand The Tarot*. London. 1969. Bebildert. 63 Seiten.
Beschreibt die Großen Arkana mit einigen Hinweisen auf die Kleinen Arkana und Wahrsagemethoden.

Mann, Sylvia. *Collecting Playing Cards*. New York. 1966. Bebildert. 215 Seiten.
Ein hilfreiches Nachschlagewerk über Spielkarten mit Hinweisen auf frühe Tarotkarten, die in europäischen Ländern hergestellt wurden und Ratschlägen zum Erkennen von Standard-Spielen.

Marcolini, Francesco. *Le Sorti di Francesco Marcolini da Forli, intitulate Giardino di Pensieri, allo Illustrissimo Signore Hercole Estense, Duca di Ferrar*. Venedig. 1540. Bebildert. Italienischer Text.
Eines der frühesten bekannten Bücher, das Karten zum Wahrsagen verwendet. Enthält 99 Holzschnitte. Bildet den Satz der Münzkarten ab. Fragen werden anhand eines Orakeldreireims, der durch Ziehen von einer oder zwei Karten gefunden wird, beantwortet. Eine Zweitausgabe wurde 1550 herausgegeben.

Marteau, Paul. *Le Tarot de Marseille.* Paris. 1949. Bebildert. Französisch. 281 Seiten.
Erläutert die Bedeutung jeder einzelnen Karte der 22 Großen Arkana. Jeder Abschnitt enthält eine eingeklebte Farbreproduktion der jeweiligen Karte aus dem Marseiller Tarotspiel. Mit verschiedenen Anleitungen zum Kartendeuten.

Mathers, S. L. Mac Gregor. *The Tarot, its Occult Signification, Use* in *Fortune-Telling,* and *Method of Play.* London. 1888. 60 Seiten.
Behandelt den Ursprung des Tarotspiels, die Bedeutung jeder Karte, Regeln für das Spielen von Tarot (unvollständig), und mehrere Legemethoden zum Wahrsagen.

Mayananda. *The Tarot For Today.* Kommentare unter dem Titel »The Horus Arrangement« über die Beziehung der 22 Wege des Lebensbaums zu den Tarotrümpfen sowie einem neuen Aspekt zu diesem uralten Symbol, wie er für das jetzige Wassermann-Zeitalter angebracht ist. London. 1963. Bebildert. 255 Seiten.
Behandelt den Ursprung der Tarotkarten, Beschreibungen aller Großen Arkana, Symbolismus, Tradition und kabbalistische Anwendungen.

Merlin, R. *Origine des Cartes à Jouer. Recherches Nouvelles sur les Naïbes, Les Tarots et Sur Les Autres Espèces de Cartes.* Paris. 1869. Bebildert. Französisch. 144 Seiten, dazu ein 74seitiges Album.
Schildert die verschiedenen möglichen Ursprünge der Spielkarten und zeigt einzelne Unrichtigkeiten früherer Nachforschungen. Enthält ein großes Album mit Reproduktionen zahlreicher Karten einschließlich der »Tarocchi de Mantegna«-Karten, der »Minchiate von Florenz«-Karten sowie verschiedener uralter Tarotspiele aus Frankreich und Italien. Liebhaberbuch.

Moakley, Gertrude. *The Tarot Cards Painted by Bonifacio Bembo for the Visconti-Sforza Family.* Eine ikonographische und historische Studie. New York. 1966. Bebildert. 124 Seiten.
Beschreibt die »Visconti-Sforza Tarocchi«-Karten (ca. 1450),

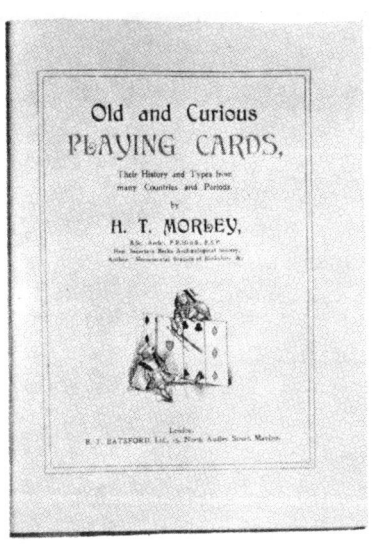

Titelseite von *Old and Curious Playing Cards*. H. T. Morley. 1931.

die ursprünglich im Besitz des 4. Herzogs von Mailand, Francesco Sforza, waren. 74 der 78 Karten existieren noch heute und diese werden recht ausführlich erläutert.

–. *The Waite-Smith »Tarot«*. Nachrichtenblatt von »The New York Public Library«. New York. Oktober 1954. Band 58. Nr. 10. Bebildert. Seite 471 bis 475.
Erläutert den Hinweis auf die Tarotkarten in T. S. Eliots Gedicht »The Waste Land« und beschreibt das zeitgenössische Tarotspiel, das von Pamela Colman Smith unter der Anleitung von Arthur E. Waite gezeichnet wurde.

Morley, H. T. *Old and Curious Playing Cards. Their History and Types from many Countries and Periods.* London. 1931. Bebildert. 235 Seiten.
Enthält einen Abschnitt über Tarocchi- und Atout-Karten mit den Bedeutungen jeder Karte der Großen Arkana.

Mornand, Pierre. *Cartes et Tarots du Cabinet des Estampes. France illustration Magazine.* Frankreich. Weihnachten 1946. Französisch. 17 Seiten.

Eine Reproduktion alter Tarotkarten in Farbe mit einem Text über die umstrittene Herkunft der Karten und ihre Entwicklung innerhalb Europas.

Muchery, Georges. *The Astrological Tarot (Astromancy)*. New York. Bebildert. 312 Seiten.
Beschreibt ein Wahrsagesystem, das eine Kombination aus Tarot und Astrologie ist. Benützt ein 48-Karten-Spiel, das auf jeder Karte einen Titel sowie ein symbolisches Bild trägt.

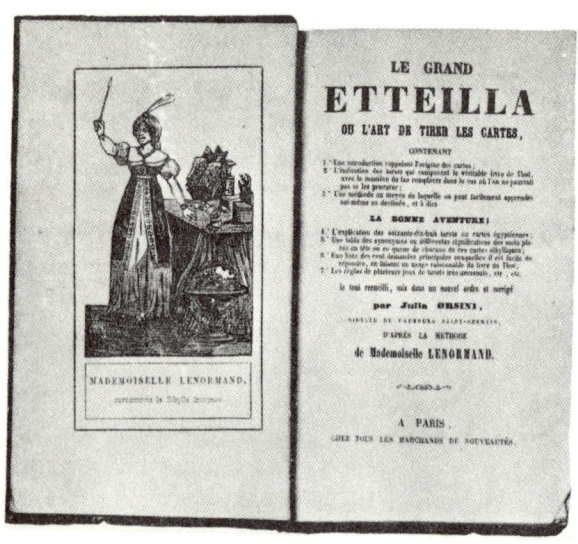

Titelbild und Titelseite vom »Le Grand Etteilla ou l'Art de Tirer les Cartes«. Julia Orsini, ca. 1800.

Nordic, Rolla. *The Tarot Shows The Path, Divination through the Tarot.* England. 1960. Bebildert. 127 Seiten.
Beschreibt die 22 Großen Arkana, Wahrsage-Methoden, Beispiellesungen und Systeme.

O'Donoghue, Freeman. M. *Catalogue of The Collection of Playing Cards Bequeathed to the Trustees of the British Museum by the Late Lady Charlotte Schreiber.* London. 1901. 228 Seiten.

Beschreibt mehrere hundert Tarotspiele, einschließlich Tarocchi-, Tarocchino- und Minchiate-Spiele aus der Schreiber-Sammlung (siehe Britisches Museum). Die Spiele sind aus zahlreichen Ländern, unter anderem aus Italien, Frankreich, Deutschland, Schweiz und Belgien.

Orsini, Julia. *Le grand Etteilla ou l'Art de Tirer les Cartes, contenant (1) Une introduction rappelant l'origine des cartes; (2) l'indication des Tarots qui composent le véritable livre de Thot, avec la manière de les remplacer dans le cas ou l'on ne pourrait pas se les procurer; (3) Une methode au moyen de laquelle on peut facilement apprendre soi-même sa destinée,* etc. Paris. Ca. 1800. Bebildert. Französisch. 209 Seiten.
Beschreibt die 78 Tarotkarten von Etteilla sowie die Herkunft der Karten, den Sinn und die Bedeutung jeder einzelnen Karte zum Wahrsagen, Methoden zum Auslegen der Karten, eine Liste von Beispielfragen und die Regeln der Tarot-Spiele.

Papoli, Paolo. *L'Utile col diletto o sia Geografia Intrecciata nel Giuco de Tarocchi con le Insegne Degl'Illustrissimi, ed Ecelsi Signori Gonfalonieri, ed Anziani di Bologna.* 1725. Bebildert. 138 Seiten.
Beschreibt ein Tarocchi-Spiel, das Büsten von verschiedenen Persönlichkeiten oder Objekte in der oberen Hälfte jeder Karte zeigt sowie geographische Lektionen im Hauptteil der Karten.

Papus, (Gérard Encausse). *The Tarot of the Bohemians. Absolute Key to Occult Science.* New York. 1970. Neuauflage. Bebildert. 352 Seiten. (Tarot der Zigeuner, Ansuta, CH Interlaken 1979)
Ein abgeschlossenes Werk, das die Schlüssel und Diagramme des Tarot beschreibt und die persönliche Theorie des Autors zusammenfaßt. Stützt den ägyptischen Ursprung der Karten als das älteste Buch der Welt.

—. *Le Tarot Divinatoire: Clef du Tirage des Cartes et des Sorts.* Paris. 1909. Bebildert. Französisch.
Der Text enthält eine komplette Neufassung aller Tarotsymbole in neue Bilder, durch welche nach Auffassung von Papus

neue Anwendungen in der Wahrsagekunst verwirklicht werden könnten.

—. *Traité Méthodique de Science Occulte*. Paris. 1891. Französisch.
Enthält einen Abschnitt über die Zigeuner und eine Reproduktion des Tarotspiels nach den Empfehlungen von Oswald Wirth.

—. *Traité Elémentaire de Science Occulte Mettant Chacun a Même de Comprendre et d'Expliquer Les Théories et Les Symboles Employés Par Les anciens, Par Les Alchimistes, Les Francs-Maçons*, etc. Paris. 1888. Bebildert. Französisch. 219 Seiten.
Elementartext über okkulte Wissenschaft einschließlich der uralten Ursprünge und angewandten Methoden.

—. *La Kabbale. (Tradition Sécrète de l'Occident). Résume méthodique*. Paris. 1892. Bebildert. Französisch. 188 Seiten.
Enthält einen Text über die Abschnitte der Kabbala, die Sephiroth, das hebräische Alphabet, sowie eine ausführliche Bibliographie.

Phillips, Henry D. *Catalogue of The Collection of Playing Cards of Various Ages and Countries*. London. 1903. 125 Seiten.
Beschreibt verschiedene Tarot-, Tarocchino und Minchiatespiele, die im Besitz des Britischen Museums sind.

Pushong, Carlyle A. *The Tarot of the Magi*. London. 1967. Bebildert. 111 Seiten.
Beschreibt die Bedeutungen aller 22 Karten der Großen Arkana, der Hofkarten und der 4 Asse. Enthält Interpretationen der Tarotkarten sowie Entsprechungen zum hebräischen Alphabet, den numerischen Kräften und der astrologischen Bedeutung.

Rákóczi, Basil Ivan. *The Painted Caravan: A Penetration Into the Secrets of the Tarot Cards*. Holland. 1954. Bebildert. 119 Seiten.
Beschreibt die Geschichte des Tarot gemäß den Überlieferun-

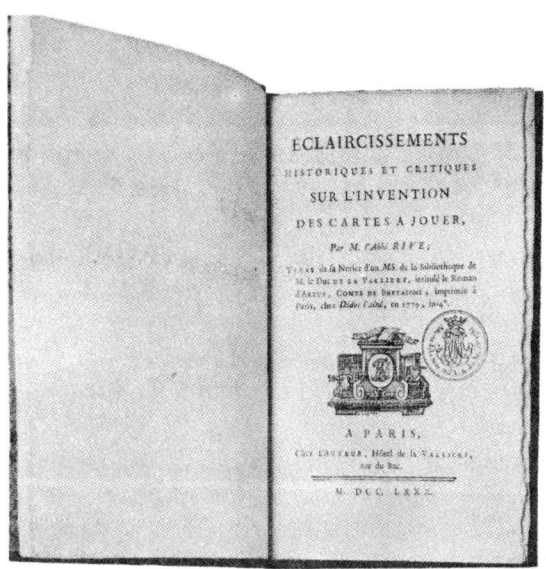

Titelseite von »Eclaircissements Historiques et Critiques sur l'Invention des Cartes à Jouer«. M. l'Abbé Rive. 1780.

gen der Zigeuner, die Bedeutungen der Großen und Kleinen Arkana und Wahrsagetechniken.

Ricci, Franco Maria. *Tarocchi Il Mazzo Visconteo di Bergamo e New York Analisi di Sergio Samek Ludovici. Testo di Italo Calvino (Il Castello dei destini incrociati).* Italien. 1969. Folio. Bebildert. Italienisch. 165 Seiten.
Vortreffliche Reproduktionen der Tarocchikarten des »Visconti-Sforza«-Spiels. Die Karten sind separat auf einzelne Seiten des Buches geklebt und mit begleitendem Kommentar versehen. Enthält 35 Karten, die gegenwärtig im Besitz der Pierpont Morgan Library sind, sowie 26 Karten aus dem Besitz der Accademia Carrara, Bergamo, Italien.

Rive, M. l'Abbé. *Eclaircissements Historiques et Critiques Sur l'Invention des Cartes à Jouer.* Paris. 1780. Französisch. 48 Seiten.
Es wurden nur 100 Exemplare aufgelegt. Bezieht sich auf die verschiedenen nationalen Standpunkte hinsichtlich des mögli-

chen europäischen Ursprungs der Spielkarten in Deutschland, Spanien, Italien und Frankreich, die aus 65 veröffentlichten Referenzen zitiert werden. Ein seltenes Liebhaberbuch.

S.M.R.D. & Others. *The Tarot Book: The Secret Workings of the Golden Dawn, Book »T«.* England. 1967. Bebildert. 149 Seiten.
Beschreibt die 78 Tarot-Symbole sowie ihre Bedeutung. Teilt jeder Karte ein Element und ein Tierkreiszeichen zu.

Sadhu, Mouni. *The Tarot. A Contemporary Course of The Quintessence of Hermetic Occultism.* London. 1968. Bebildert. 494 Seiten.
Stellt anhand von 101 Übungen die 22 Großen Arkana vom Gesichtspunkt des Symbolismus, des Hermetismus, der Numerologie, der Verbindung zum hebräischen Alphabet und zur Astrologie dar.

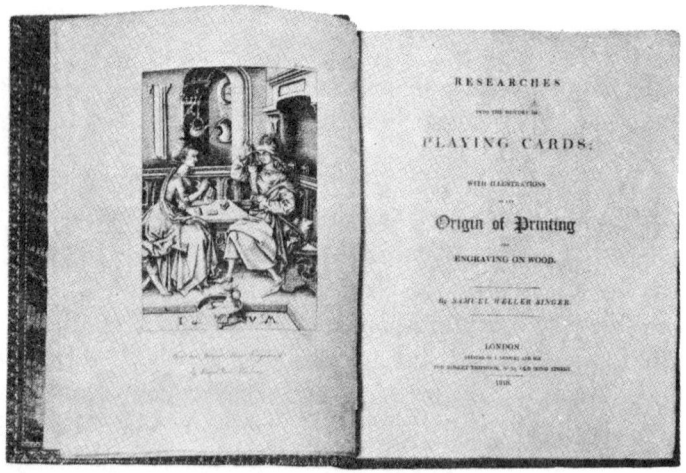

Titelbild und Titelseite von *Researches into the History of Playing Cards.* Samuel Weller Singer. 1816.

Schreiber, W. L. *Die ältesten Spielkarten und die auf das Kartenspiel Bezug habenden Urkunden des 14. und 15. Jahrhunderts.* Deutschland. 1937. Bebildert. Deutsch. 176 Seiten.

Behandelt die ältesten bekannten Spielkarten und Chroniken des 14. und 15. Jahrhunderts, die das Kartenspielen betreffen. Enthält eine Bibliographie und ein Wörterverzeichnis der Ausdrücke fürs Kartenspielen.

Seguin, Jean-Pierre. *Le Jeu de Cartes.* Paris. 1968. Bebildert. Französisch. 344 Seiten.
Ein ikonografischer Rückblick auf die Geschichte der Spielkarten und der Herstellungstechniken dafür. Neben seltenen Dokumenten schildert dieses Buch die Rolle der symbolischen Bilder.

Singer, Samuel Weller. *Researches into the History of Playing Cards with Illustrations of the Origin of Printing and Engraving on Wood.* London. 1816. Bebildert. 373 Seiten.
Es wurden nur 250 Exemplare herausgegeben. Ausführliche Forschungsarbeit über die Geschichte der Spielkarten mit Hinweisen auf die verschiedenen möglichen Ursprünge der Tarotkarten. Der Anhang enthält: (1) Auszüge aus dem italienischen Gedicht über das Tarocco-Spiel; (2) Neudruck der Abhandlung Court de Gebelins im »Le Monde Primitif«: »Du Jeu des Tarots, etc.«; (3) Neudruck des Werkes von M. L'Abbé Rive über die »Eclaircissements Historiques et Critiques sur l'Invention des Cartes à Jouer«; sowie (4) Neudruck von »Recherches sur les Tarots, et Sur La Divination Par les Cartes des Tarots, von M. Le C. de M...« Ein sehr seltenes Liebhaberbuch.

Staatsgalerie Stuttgart. *Spielkarten aus aller Welt vom Mittelalter bis zur Gegenwart, aus dem Museum der Vereinigten Altenburger und Stralsunder Spielkartenfabriken, Leinfelden bei Stuttgart, und aus deutschen Sammlungen.* Stuttgart. 1968. Folio. Bebildert. 104 Seiten.
Enthält Beschreibungen der Karten, auch der Tarotspiele, die vom 6. Sept. bis 3. Nov. 1968 in der Staatsgalerie Stuttgart ausgestellt wurden. Enthält mehrere Farbreproduktionen von Tarotkarten.

Steiger, Brad and Ron Warmoth. *The Tarot.* New York. 1969. Bebildert. 168 Seiten.

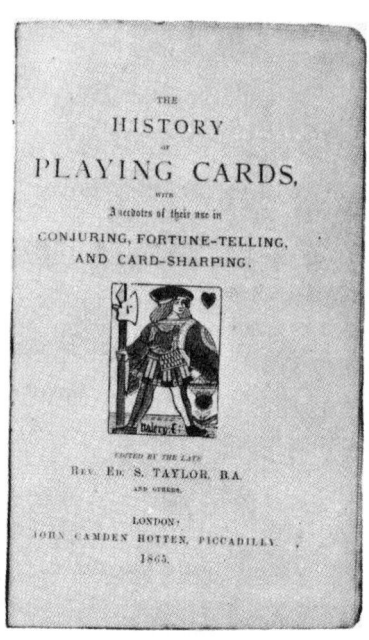

Titelseite von *The History of Playing Cards*. Rev. Ed. S. Taylor. 1865.

Beschreibt Wahrsagemethoden für das vollständige Tarotspiel in Form von Geschichten.

Taylor, Rev. Ed. S. *The History of Playing Cards with Anecdotes of their Use in Conjuring, Fortune-Telling,* and *Card-Sharping.* London. 1865. Bebildert. 529 Seiten.
Behandelt die Geschichte der Spielkarten und die Einführung der Karten in verschiedene europäische Länder. Enthält ein Kapitel über die frühe Kartenlegekunst und die Wahrsagerei. Wurde posthum veröffentlicht und ist praktisch eine Übersetzung des früheren Werkes von P. Boiteau d'Ambly.

Thierens, A. E. *The General Book of the Tarot.* Mit dem astrologischen Schlüssel zum Tarot-System. Pennsylvania. 1928. 158 Seiten.
Stellt die Lehre des Tarot sowie die Bedeutung jeder Karte der 22 Großen Arkana und der 56 Kleinen Arkana dar, und gibt auch astrologische Schlüssel hierzu.

Tilley, Roger. *Playing Cards.* New York. 1967. Bebildert. 120 Seiten.
Enthält Beschreibungen der frühen Spielkarten sowie der Tarot- und Minchiate-Spiele.

Trismégiste, J. *Manuel Illustre de Cartomancie. L'Art de Tirer Les Cartes Français Suivi du Livre de Thot ou jeu de la Princesse Tarot.* Paris. 1867. Bebildert. Französisch. 192 Seiten.
Beschreibt ein Tarotspiel mit Bildern ägyptischen Einflusses. Schließt Methoden zum Lesen der Karten und die Bedeutung jeder Karte ein.

Vaillant, J. A. *Les Rômes, Histoire vraie des vrais Bohemiens.* Paris. 1857.
Enthält Beschreibungen der Karten der Großen Arkana und macht den Versuch, zu zeigen, daß die Tarotbilder Erbe der höchsten Ideen hindustanischer Weisheit sind.

Van Rensselaer, Mrs. John King. *The Devil's Picture Books. A History of Playing Cards.* New York. 1895. Bebildert. 207 Seiten.
Die Geschichte der Spielkarten sowie ein kurzer Abschnitt über das Tarotspiel.

−. *Prophetical Educational and Playing Cards.* Philadelphia. 1912. Bebildert. 392 Seiten.
Verfolgt die Geschichte der Tarotkarten bis zum ägyptischen Merkur zurück und unternimmt den Versuch zu beweisen, daß der Ursprung der Karten in den Alten Mysterien liegt.

Waite, Arthur Edward. *Bilderschlüssel zum Tarot.* Urania, Waakirchen 1980. Behandelt die uralte Herkunft der Tarotkarten, den Symbolismus jeder Karte, wie er von Waite in seinem modernen Spiel festgehalten wurde sowie eine Studie der verschiedenen Wahrsagemethoden und eine Beschreibung der zahlreichen Kartenbilder.

−. *The Holy Kabbalah.* Eine Studie der Geheimen Tradition aus Israel, wie sie von den »Söhnen der Lehre« zum Nutzen

und zum Trost der Auserwählten, die durch die Länder und Zeitalter des »Großen Exils« verstreut sind, enthüllt wurde. New York. 1960. Neuausgabe. 636 Seiten.
Einführung in die Mysterien der Kabbala. Legt eine ausführliche Geschichte der Ursprünge, der Bedeutungen und der Anwendungen der kabbalistischen Lehre dar.

Williams, Charles. *The Greater Trumps.* London. 1964. Neuausgabe. 230 Seiten.
Die 22 Karten der Großen Arkana werden im Rahmen einer Erzählung der Moderne beschrieben.

Willshire, William Hughes. *A Descriptive Catalogue of Playing and Other Cards in the British Museum accompanied by a Concise General History of the Subject and Remarks on Cards of Divination and of a Politico-Historical Character.* London. 1876. Bebildert. 360 Seiten.
Enthält eine Zusammenfassung der populären Ansichten über die Herkunft und die okkulte Entwicklung der Tarotkarten und eine Beschreibung einiger Tarotspiele aus dem Britischen Museum. Ein Nachtrag mit Illustrationen von 1877. 87 Seiten.

Wirth, Oswald. *Le Tarot, des Imagiers du Moyen Age.* Paris. 1969. Neuausgabe. Französisch. 374 Seiten.
Stellt die Geschichte der Tarotkarten dar, wobei der ägyptische Ursprung hervorgehoben wird, sowie die Bedeutung und den Symbolismus jeder Karte, wie sie von Wirth in abgeänderten Bildern mit dem jeweils passenden Buchstaben des hebräischen Alphabets festgelegt wurden – bespricht Methoden der Deutung und Wahrsagung.

Zain, C. C. *The Sacred Tarot.* Los Angeles. 1969. Bebildert. 416 Seiten.
Dieser Band umfaßt eigentlich 13 Fortsetzungsartikel, die die Chronologie des Tarot, wie man ihn deutet, seine Anwendungsmöglichkeiten und Benutzung und den heiligen Tarot als Lehre des Kabbalismus behandeln.

Fachwörterverzeichnis

AGM AGMüller –Bekannter Schweizer Hersteller von Spielkarten, der im 19. Jahrhundert mit seiner Produktion begann und seinen Sitz in Neuhausen am Rheinfall hat.

Allegorische Karten – Die zweiundzwanzig Karten der Großen Arkana des Tarotspiels, die bildliche und symbolische Darstellungen tragen.

Altenburger und Stralsunder – Bekannter deutscher Hersteller von Spielkarten, Nachfahre einer Reihe von Firmen aus dem 19. Jahrhundert, Sitz in Leinfelden.

Arkana – Von dem italienischen Wort »arcano« abgeleitet, das geheimes oder esoterisches Wissen bedeutet (Lat.-arcanum).

Atouts – Französische Bezeichnung für die zweiundzwanzig Karten der Großen Arkana oder Trumpfkarten des Tarotspiels.

Atutti – Italienische Bezeichnung für die 22 Karten der Großen Arkana oder Trumpfkarten des Tarotspiels.

Bastoni – Satzzeichen, das gleichbedeutend mit »Kreuz« ist (ital.).

Bâtons – Satzzeichen, das gleichbedeutend mit »Kreuz« ist (franz.).

Blatt – Satzzeichen, das der Farbe »Pik« entspricht (deutsch).

Carreaux – Satzzeichen mit einer Kachelform, das gleichbedeutend mit »Karo« ist (franz.).

Cavalier – Hofkarte (Ritter), die zwischen der Königin und dem Buben des Tarotspiels liegt (franz.).

Chaturange – Orientalisches Schachspiel aus dem 5. oder 6. Jahrhundert.

Chevalier – Hofkarte (Ritter), die zwischen der Königin und dem Buben des Tarotspiels liegt (franz.).

Cœurs – Satzzeichen, das gleichbedeutend mit »Herz« ist (franz.).

Coppes – Satzzeichen, das gleichbedeutend mit »Herz« ist (ital.).

Dame – Hofkarte, die der Königin entspricht (franz.).

Denari – Satzzeichen, gleichbedeutend mit »Karo« (ital.).

Divination – Wahrsagen oder Prophezeien auf verschiedene Weisen auch mit Hilfe von Spielkarten.

Doppelköpfige Hofkarten – Das Bild auf der Hofkarte ist doppelköpfig und kann von beiden Seiten betrachtet werden. Bis auf einige seltene Ausnahmen, wurden doppelköpfige Hofkarten in England oder den Vereinigten Staaten nicht vor 1850 verwendet. Andere europäische Länder benützten doppelköpfige Hofkarten zu einem früheren Zeitpunkt, etwa im ersten Viertel des 19. Jahrhunderts; einige italienische Spiele sogar noch früher.

Eicheln – Satzzeichen, das »Kreuz« entspricht (deutsch).

Epées – Satzzeichen, das »Pik« entspricht (franz.).

Farben (Sätze) – Die vier Farben umfassen die Karten der Kleinen Arkana, die im allgemeinen als Schwerter (Pik), Stäbe (Kreuz), Kelche (Herz) und Münzen (Karo) bekannt sind.

Fournier, S. A. – Bekannter spanischer Hersteller von Spielkarten, dessen Firma aus dem 19. Jahrhundert stammt und in Vitorio beheimatet ist.

Fragesteller – Eine Person, die mit Hilfe der Kartenlegekunst eine Antwort auf eine Frage sucht; auch Fragender genannt.

Grimaud, B. P. – Bekannter französischer Hersteller von Spielkarten, dessen Firma im 18. Jahrhundert gegründet wurde und deren Sitz in Paris ist. Vor kurzem wurde die Firma von J. M. Simon/France Cartes erworben, die die Grimaud-Produktion weiterführen wird.

Große Arkana – Die 22 symbolischen Bilderkarten im Tarotspiel.

Handgemalt – Die frühesten bekannten Tarotkarten wurden von Hand auf dicken Karton gemalt.

Handschabloniert – Tarotkarten des 18. und 19. Jahrhunderts wurden im allgemeinen von Hand koloriert, indem verschiedene Schablonen für jede Farbe verwendet wurden, und die Farbe mit einem Pinsel oder einer Farbrolle aufgetragen wurde.

Hofkarten – Der König, die Königin, der Ritter und der Bube in jedem der vier Sätze des Tarotspiels.

Indikator – Die Karten, die ausgesucht werden, um den Fragesteller zu symbolisieren oder zu repräsentieren.

Indizien – Buchstaben oder Ziffern, die in den Ecken jeder Karte zu finden sind und zum Erkennen der Karte, ohne die ganze Hand ausfächern zu müssen, dienen. Diese Methode wurde in der späteren Hälfte des 19. Jahrhunderts übernommen. Unterschiedliche Länder benützten unterschiedliche Buchstaben, um die Hofkarten zu kennzeichnen, z.B.: K, Q, J, A (England und die Vereinigten Staaten); R, D, C, V, A oder I (Frankreich).

Kabbala – Altes okkultes Bezugssystem, das im Mittelalter seine Blütezeit erlebte und auf den esoterischen Interpretationen der hebräischen Schriften beruht.

Kartenbild – Die Art und Weise wie die Tarotkarten zum Zwecke des Kartenlesens ausgelegt werden.

Kelche – Satzzeichen, das der Farbe »Herz« entspricht.

Keulen – Satzzeichen, das den »Stäben« entspricht.

Klassisches Tarot-Spiel – 78-Karten-Tarotspiel nach Entwürfen von Claude Burdel aus dem 18. Jahrhundert, wird hergestellt von Müller & Cie., Schweiz.

Kleine Arkana – 56 Karten, die aus 14 Karten vom König zum As (oder Eins), in jedem der vier Sätze bestehen.

Kleine Karten – Die Karten von 10 bis eins in jedem der vier Sätze.

Knabe – Hofkarte, die dem Buben entspricht (franz.).

Lebensbaum – Der Kabbala entnommen, umfaßt die zehn Sephirothe sowie die 22 verbindenden Pfade, die von 11 bis 32 numeriert sind.

Minchiate-Karten – Die Minchiate von Florenz Spiele umfassen 97 Karten und ähneln den Tarotspielen.

Müller 1JJ-Spiel – Berühmtes 1JJ-Spiel, das von AGMüller hergestellt wird. Die Initialen »JJ« stehen für die beiden Großen Arkana ›Junon‹ und ›Jupiter‹.

Münzen – Satzzeichen, das »Karo« entspricht.

Numerische Karten – Die 40 Karten der Kleinen Arkana des Tarotspiels, die von zehn bis eins oder As numeriert sind und jedem der vier Sätze angehören.

Ober(mann) – Hofkarte, die der Königin entspricht (deutsch).

Pentakel – Satz, der »Karo« entspricht (franz.).

Piatnik, Ferd. & Söhne – Bekannter österreichischer Hersteller von Spielkarten, der 1824 mit seiner Produktion begann und seinen Sitz in Wien hat.

Piemonteser Tarot – 78-Karten-Tarotspiel mit französischen Überschriften, das aus der Nähe von Bologna stammt.

Piques – Satzzeichen mit Speerspitzen, das »Schippen« oder »Pik« entspricht (franz.).

Rahmen – Äußere Linie, die das Rückenmuster der Karte einrahmt. Hat die einrahmende Linie rechteckige Winkel, so hat die Karte normalerweise rechtwinkelige Ecken; ist sie abgerundet, besteht die Wahrscheinlichkeit, daß die Karte ursprünglich gerundete Ecken hatte.

Rechtwinklige Ecken – Karten mit rechtwinkligen Ecken waren vor 1890 gebräuchlich im Gegensatz zu gerundeten Karten. Letztere erschienen erstmals um das Ende des 19. Jahrhunderts.

Rider-Waite-Spiel – Berühmtes 78-Karten-Tarotspiel, das von Pamela Colman Smith unter der Anleitung von Arthur Edward Waite entworfen wurde.

Ritter – Hofkarte, die zwischen der Königin und dem Buben im Tarotspiel liegt.

Roi – Hofkarte, die gleichbedeutend mit »König« ist (franz.).

Rückenmuster – Muster auf der Rückseite der Karten. Einige frühe Karten waren ohne Muster.

Sephiroth – Die zehn fundamentalen Wahrheiten, mit denen die 22 Pfade des Lebens in der Kabbala verbunden sind.

Stäbe – Farbzeichen, das der Farbe »Kreuz« entspricht.

Stempelmarke – Die Steuermarke, die auf einigen Karten und/oder der Kartenhülle zu finden ist und dazu dient, die Produktion, das Ursprungsland und das Datum der Kartenspiele festzustellen.

Steuermarke – Steuermarken werden manchmal benützt, um die Herstellung von Spielkarten zu kontrollieren und Steuern im Herstellungsland zu erheben.

Spiel – das komplette 78-Karten-Tarotspiel.

Szepter – Satzzeichen, das »Kreuz« entspricht (franz.).

Taroc – Name des Tarotspiels in Österreich. Auch Tarok und Tarock geschrieben.

Tarocchi von Mantegna – Das Mantegneser-Spiel umfaßt 50 instruktive Karten in fünf Gruppen zu je 10 Karten.

Tarocchi-Spiel – Die Tarocchi von Venedig oder das Lombardi-Spiel umfaßt 78 Karten.

Tarocchino-Spiel – Das Tarocchino von Bologna-Spiel umfaßt 62 Karten. Es wurde angeblich von Francois Fibbia erfunden.

Tarotspiel – Das komplette 78-Karten-Wahrsagespiel umfaßt 22 Karten der Großen Arkana und 56 Karten der Kleinen Arkana.

Tarot von Marseille-Spiel – Berühmtes 78-Karten-Tarotspiel, das seit dem 19. Jahrhundert von B. P. Grimaud hergestellt wird.

Tarotée – Bezeichnung für das Rückenmuster der frühen Karten, das aus unzähligen Reihen von sich kreuzenden Linien besteht.

Tarotiers – Der Name, der den Cartiers (Kartenherstellern) in der letzten Hälfte des 16. Jahrhunderts gegeben wurde.

Tarotrump-Spiel – Gegenwärtig ein beliebtes 78-Karten-Tarotspiel, das auf den alten Regeln der italienischen Spiele Minchiate und Tarocchi aus dem 16. Jahrhundert basiert.

Treff – Satzzeichen Klee darstellend, das »Karo« entspricht (abgeleitet vom französischen Wort »Trèfles«).

Trümpfe – Die 22 Karten der Großen Arkana.

Unter(mann) – Hofkarte, die dem »Buben« entspricht (deutsch).

Valet – Hofkarte, die dem »Buben« entspricht (franz.).

Index